あなたの龍の目（松果体）が大覚醒します！

菊理媛《ククリヒメ》と共に宇宙無限大に開くドラゴンゲート

光次元チャネラー・スピリチュアルカウンセラー
龍依～Roy

ヒカルランド

はじめに
地球のアセンションプログラム史上最高の上昇気流に乗りましょう！

特別なチャンスの時期

今、地球は、かつてない大きなエネルギー変容期を迎えています。これまで隠されていた真実が世に出たり、世間を揺るがす大きな出来事が起こったり、異常気象・気候変動・巨大災害という言葉がニュースなどで飛び交っているのも、その影響です。

2016年終盤からギアチェンジをするように、加速度的に高まったこの変容期が、特に私たち日本人にとって強い関係があることに、皆さんは気づいていらっしゃいますか？

私は、この変容期に合わせて、多くの日本や世界の神々、光の存在たちとご縁をいただき、さまざまな情報を受け取らせていただきました。

それは、私たちが、魂の成長をし、次元上昇《アセンション》をしていくための大切な情報です。開催させていただくセミナーやワークショップ、個人セッションなどでもその都度《つど》お話しさせていただいてきました（次元上昇やアセンションという言葉を初めてお聞きになられた方もいらっしゃるかもしれませんが、後ほど詳しく説明していきます）。

この大きな変容の流れは、もう少し続きますが、いつまでも無期限に続くものではありません。**今という時期は、特別なチャンスの時期で、宇宙エネルギーがこれまでの地球のアセンションプログラム史上、最高に降り注ぎ、私たちの次元上昇を後押ししています。**つまり、**今、次元上昇しやすいとき**なのです。

例えば、向かい風の中で走るとなかなか前に進みません。追い風で走ると楽々と前に進みます。あなたが気球に乗ったとして、うまく上昇気流に乗れれば、あっという間にどこまでも高く上がっていけるでしょう。上昇気流に出会えなければ、たくさんの燃料を使って、ようやく少し高いところまで行けるかもしれませんが、きっと時間もかかることでしょう。

今は、そのような追い風や上昇気流に乗れる時期なのです。

生命の起源とあなたの魂が求めるもの

では、そんな地球の大変容期に、この日本に、あなたが生まれてきたのはなぜでしょうか？

あなたは、自分の意思で、この時代にこの日本に生まれてきました。あるいは、生まれた国は違うのに、日本に住んでいるのかもしれません。なぜ今？　なぜ日本だったのでしょうか？

私たち人類の魂は、この大きな変容を太古の昔から求めていました。私たち人類の祖先がこの地球に降り立ったときから求められていて、ＤＮＡに刻まれていました。

過去にさまざまな文明がありました。教科書で知られている文明以外の文明もありました。文明がいくつも生まれ、いくつも滅び、そのたびに私たちは、覚醒を追い求めてきました。つまり、ムーやレムリア、アトランティス、そして歴史上で知られるさまざまな文明すべてが、私たちが魂の成長をするために存在した文明でした。

今その中でも、**地球文明の源といっても過言ではないムーのエネルギーが再びわき起こって**

きています。ムーが栄えたとき、宇宙や宇宙人との関わりが非常に強くありました。宇宙から神と呼ばれる存在がやってきました。私たちが**神と認識している宇宙からの存在は、今よりもっと身近で、親のような存在**でした。私たちは、その神の遺伝子を引き継いでいます。そして、**神の遺伝子の源は光です。だから、あなたの遺伝子も光**です。

生命が生まれるとき、大宇宙に、光の波動が寄せて、光の粒子を生み、光のスパークが起こり、意思が宿りました。そのいくつかが、地球にやってきました。

動物が生まれ故郷に戻る本能を持っているように、今、私たちの魂は、光に戻ることを求めています。

あなたが今ここに存在する理由～ムーの遺伝子を持つ日本

光とは愛です。

長い歳月の中で、魂は転生を繰り返し、愛を育《はぐく》んできました。ときには愛の不足によって、ときには行き過ぎた愛によって、愛が愛でなくなり、物事につまずき、悲しみや苦しみを味わうこともありました。しかし私たちは常に愛の存在であろうとし続けました。愛を学び、愛から離れることなく、光の存在であろうとし続けました。

今その学びの集大成となるタイミングがやってきています。私たちの魂は、等しくそのタイミングを求めています。これまでつまずいた経験（ムーやレムリア、アトランティスで、その文明の最後を生きた経験）がある魂ほど、それを求めます。**この飛翔のときに、大きな翼を持ち、光の洪水のような宇宙エネルギーの後押しを受けようと、このタイミングを狙って今この地球に、そして日本に存在しています。**

なぜ日本なのか。**日本は、この地球の創世の遺伝子である、ムーの遺伝子を持っています。そして、この地球の縮図でもあります。**ですから**日本には愛や光を発信する役目があります。**だから**光を求めた魂ほどその光を、他の魂にも贈ることを願い、その発信元となる日本に生まれてきている**のです。

日本は特殊な国です。その遺伝子はもとより、非常に多くの分野で世界に貢献できるチャンスを持っています。そして隣人の愛を感じ、受けやすい国でもあります。生まれたときから愛を育むチャンスを与えられています。

平和ぼけと言われることもありますが、日本では和の精神を大切に育むことができます。それは、もともと日本人が持っているムーからの魂の記憶です。その**日本独自の記憶によって私**

たちは自分と同じように他者を思いやり、一丸となって同じ方向に向かうエネルギーを携《たずさ》えています。それが和の力です。

あなたの魂の計画

令和という時代は2つの「ワ」（令＝0《ゼロ》＝〇、和＝〇）で、和の力がより強く、そして「ワ」が連なって∞（無限大）となり、和が無限に大きくなる時代です。和が大きくなることで、大きな次元上昇が可能となります。

和を世界に発信すること、愛を見せていくこと、そして次の次元へと、魂を成長させ昇華させていくこと。そういったことで、**今、地球に貢献したい、役に立ちたい、使命を果たしたいと願う魂たちが集《つど》っているのがここ日本**なのです。

その仕事（光の仕事、魂の仕事）は、一人ひとりの個性や魂の記憶にあわせて、さまざまです。それを実現するために、今、あなたは存在しています。そのことは、どの魂にも一致している魂の計画（ブループリント）なのです。

これを**実現するためには、まず、このことにあなたが本気で意識を向けることが大切**です。

いくら地球史上最高の変容の波が押し寄せているといっても、その波にあなたが乗ろうと選択しなければ、この波は、ただあなたの前を通り過ぎるだけです。

ですから、この話を聞いて、あなたの魂が何かを感じるなら、選択する意思を強く持ってください。

その上で**あなたの魂が望むことを知っていくこと**です。先ほどもお話ししたとおり、それぞれの個性、それぞれの魂の記憶、望む経験というものがあり、あなたの魂はそれに見合った道を進みたがっています。

今、あなたの閉じられていたゲートを開ける

この大きな変容の波の時代に、**私たちは、今までガッチリと施錠された扉のように開けなかったゲートを開くことができます**。これまでにも、〝ブロックしていた何か〟、〝トラウマのように抱えている感情〟、そういったものを紐解き、解放することによって、私たちは、魂を成長させてきましたが、今が、そのクライマックスです。

それは、たとえれば、ダイヤル錠の暗証番号を、一つ一つ合わせているような作業でした。今、残りの番号がカチッと音をたてて合うタイミングがやってきたのです。**開放を待っていたあなたのハートの中の最後の塊のようなものが氷解し、ゲートは開かれます。**あなたの中のエネルギーも、春の小川のようにさらさらと流れ出し、新しく芽吹いていきます。**魂は成長し、∞（無限大）は、さらに次の次元に進み、◯と◯が統合し、あなたの意識次元が上昇**していきます。これは、あなたが次元上昇の波に乗る近道です。

その道はあなたが今抱えている問題や悩みなどと直結していることが多いです。あるいは、その問題からいつも目を背け、逃げている場合もあります。

注意が必要なのは、あなたの頭で考えて望んでいることと、魂が本当に望んでいることとは、必ずしも一致しないことがあるということです。また、**あなたの目の前にある悩みや問題は、あなたにとって本当に必要なことを気づかせるサイン**でもあります。

ですから、〝あなたが今経験している道が、あなたにとってどのような道であるのか〟、〝起こっていることが、あなたにとって何のサインであるのか〟、それを見極めていく必要があります。

そこにあなたの中の**エゴや、他者の思い**（〝他者の思い〟と〝他者からの的確なアドバイス〟は違います）**が影響してくると、軸がぶれてしまい、魂の求める道にまっすぐに進めない**ことにもなります。そこをしっかりと見極め、**自分の軸をしっかりと持ち、あなたの中の愛や光を、あなたの心・体・魂と統合させて、大きな変容のエネルギーに乗ることが大切**です。

あなたとあなたの世界は同調する
～宇宙の法則

今あなたが立っている位置は、いつも分岐点です。だから、**「今ここ、この瞬間」が大切**です。

そこから、本来魂が求める道をはずれても、何

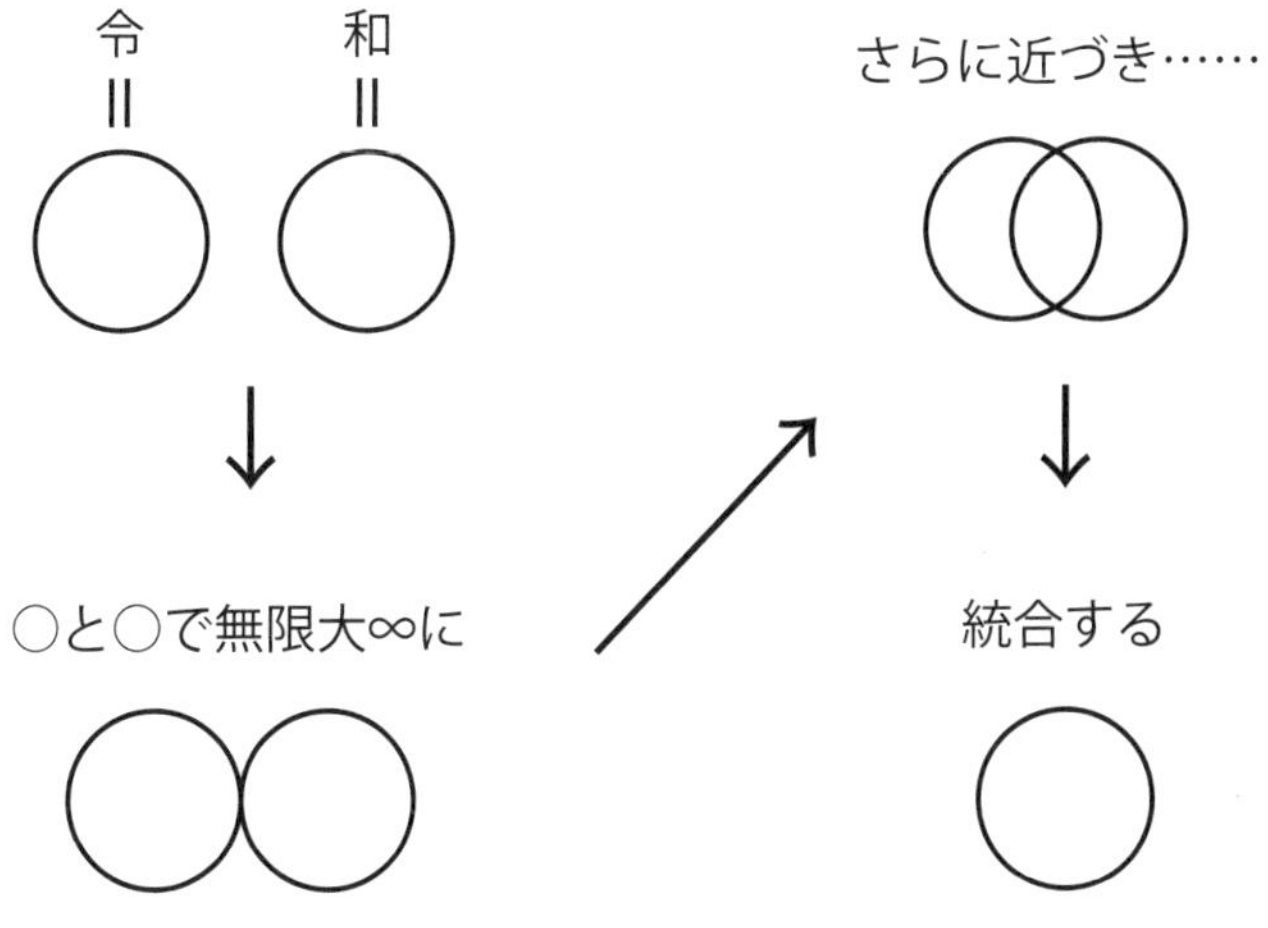

令和が表す意味

度でも戻ることができます。しかし今という時期は、地球史上最高の変容のタイミングです。そんなときに大きな寄り道をすることは、きっと、あなたの魂が求めていることではありません。

そのことにあなたが気づいて、そして**あなたのハートがオープンになり、あなたの魂が開ければ、ゲートが開きます。そして世界が開いていきます。これは宇宙の法則**です。

このゲートが開いた先には、今までよりも高い次元の世界が広がっています。それは、今まであなたにとって大きな岩のように感じていたものが、小さな石ころのように感じられたり、絶対に越えられないと感じていた壁を軽々と越えられる乗り物に乗れたりするような、そのような世界です。

そして、私たち個人個人が、**魂のゲートを開き、次元上昇へ進む道と同様に、この日本も次元のゲートを開き、霊性を高め、日本全体で次元上昇に進み、それを世界に拡大していこうという流れ**が起きてきています。

そのゲートは、私たち日本人にとても親しみのある**龍神のゲート＝ドラゴンゲート**です。**ド**

ラゴンゲートが開かれ、そしてぶれない自分軸＝光の柱が立ち、龍神のエネルギーのライン＝ドラゴンラインが繋がっていく。それが**個々人の魂のゲート開きの流れと繋がり、私たち全体で次元上昇の波となる。**私たちの魂はそれを求め、この日本にやってきています。

この本の役割

この本では、そういったことがエネルギーレベルでどのように起きているのか、それをお伝えしていきたいと思います。

そのことを知っていただくことで、それを必要としている**あなたの魂を揺り起こすきっかけとさせていただきたい**からです。そして、あなた自身が魂で求めているものを、どのように気づき実践していくのか、そのこともお伝えしていきます。

また、すでに目覚めている方にとっても、改めて、この素晴《すば》らしい豊穣《ほうじょう》のタイミングを享受する意識を高めたり、魂の約束を果たすためのツールにしたりしていただけたらと思っています。

それらのことは、言い換えると、**あなたのドラゴンゲートを開いて、あなたが次元上昇をしていく**ということです。

もう一度大切なこと

繰り返しになりますが、大切なことなので、もう一度お伝えしたいと思います。

今、大きな変容の波が押し寄せてきています。この波は、これまでの地球史上最高の宇宙エネルギー波動です。**私たちの魂は、この波動を受けると、本来の自分の覚醒スピードを速める**ことができます。

あなたは、理由があって、今、この時期の日本に、転生することを選択して、地上に降り立ちました。地上に降りてくるときに、その記憶は、消してくることになっています。でも、**魂の記憶はあなたにいつもサインを送っています**。それを見逃さないで、あなたの魂を輝かせましょう。

今の地球は大変容期であり、次元上昇《アセンション》のためのかつてないほどの上昇気流が起こっている状態です。この上昇気流に乗れば、**あなたの魂が大きく成長し、大きな次元上昇が可能**です。

地球もまた、大きな次元上昇をして、新しい地球（新生地球）に向かっています（エネルギーレベルでは、すでに新生地球になっています）。

この大チャンスを逃さず受け取っていただくために、私は、この本を書かせていただきました。数年かけたこの大変容期に、日本や地球にどのようなことがエネルギーレベルで起こっているのか、私たちはどのようにして、魂を成長させ、次元上昇していくのか、あなたのドラゴンゲートをどう開いていくのか、そのために何が大切なのか、ということをお伝えさせていただきたいと思います。また、この本には、〝場〟のパワーに満ちた写真も、カラーで掲載させて頂いています。溢れるエネルギーをどうぞお受けとりください。

この本の情報を必要とされている方が、この本を手に取ることができるように、「光次元」（高次元）や大宇宙の仲間たちとともに、設定させていただきました。一人でも多くの方が、愛と光と上昇気流を受け取り、魂の約束どおり、アセンションされますように☆

新しい地球でもお会いしましょう！

目次

GATE3 伊勢 自分の中に光の柱を立てる／私たちがパワースポットそのものに

GATE4　日本と台湾のドラゴンライン（龍脈）が繋がった　144

第3章　日本再生／日本再生のドラゴンゲート
～白山・熊野・徳島編～

カバーデザイン　三瓶可南子
カバー・章扉背景画像　Ayumi
校正　麦秋アートセンター
本文仮名書体　文麗仮名（キャップス）

第1章

今という時代の大まかな流れ／ドラゴンゲートが開かれている

ドラゴンゲートとは？

「ドラゴンゲート」という言葉を聞いたことがありますか？

一言で言えば、龍のスポットで、龍神エネルギーが吹き出す場です。

日本列島は大きな龍体そのもので、龍神エネルギーが列島を駆け抜けています。これが「ドラゴンライン」（龍脈）です。そのドラゴンラインの所々に、龍神エネルギーが強く吹き出している場があります。それがドラゴンゲート（龍穴）です。

日本列島の龍体の頭は沖縄地方、尻尾が北海道地方に当たります。日本の地図を右に90度ひっくり返してみると、その形がよくわかります。九州地方が頭のように見えますが、これは、肉体次元での頭です。霊性の時代である今は、それまで眠っていた本当の頭が姿を現しています。

本当の頭とは、魂次元（霊性次元）での頭です。それは沖縄地方に当たります。

一般的な日本の地図を右に約90度
ひっくり返した地図
眉山（ドラゴンの
ハートチャクラ・
P211）
能登半島（ドラゴンの翼・P181）
玉置神社
（ドラゴンのかぎづめ・
P181、P204）
白山比咩神社（ドラゴンの
肩甲骨・P181～P186）
今帰仁城跡（P115）
久高島（P115）
古宇利島（P73）
魂次元（霊性次元）の
龍体の頭である沖縄

次元の話

先ほどから「次元」という言葉を使っていますが、よくアニメや平面の世界を指して2次元、私たちが住む次元や立体の世界を指して3次元と言ったりします。次元が高くなればなるほど（次元数が大きくなるほど）、世界は広がります。

例えば、平面アニメの世界は2次元で、奥行きがありませんが、私たちの世界にはあります。その分、世界は広がっています。

5次元、6次元、と次元が高くなるに連れて、今の私たちが知らない世界が広がっていき、どんどん制限がなくなっていきます。これが、いわゆる次元上昇＝アセンションです。

この数字で表す次元の世界を、肉体次元や魂次元など、別の言葉で表すこともできます。

肉体次元とは、私たちが目で見えている次元のことで、とても限られた範囲の次元です（3次元とも言い換えられます）。

魂次元とは、私たちの目に見えない範囲まで含めたより広く大きな次元です（3次元より高い次元です）。

人間は、本来、そのどちらも持ち合わせています。

しかし、これまで（特に21世紀のはじめ頃まで）は、肉体次元をメインに使っている方々がとても多い時代でした。

例えば、目に見えることしか信じられなかったり、頭でっかちに計算して物事を考えてしまったりすることは、肉体次元がメインとなっているわかりやすい例です。

一方、過去世や神々の存在を感じることなどは、魂次元の範疇《はんちゅう》となります。目に見えない範囲のことですから、霊性次元と言い換えることもできます。

中でも、実際に神々や龍神、鳳凰などが存在しているような高い次元のことを私は「光次元」と呼びます（一般には高次元と言われていますが、高い次元の存在たちは、溢れる光に包まれているため、私は「光次元」と書いて「こうじげん」と呼んでいます）。

また、宇宙連合などに代表される高次の智慧《ちえ》を持つ宇宙人の仲間たちやそのようなエネルギーレベルの次元のことを指して宇宙次元と呼ぶこともあります。

すでにお話ししたとおり、目に見える範囲の肉体次元と、目に見えない無限に広がる魂次元（霊性次元）、そのどちらも、私たちは持ち合わせています。ですから、この2種類の次元の世界によって、日本列島の龍体の在り方は異なります。目に見える範囲では、日本列島の龍体（＝龍神ＮＩＰＰ◯Ｎ列島）の頭は九州に見えますが、魂次元（霊性次元）での本当の頭は沖縄地方なのです。

どの次元に繋がるか

繋がる次元も大切です。私たちが魂の成長をする際に、どの次元に意識を向けていくかということです。自分の魂の状態に合わせて、より高い次元を求めることで、魂は成長していきます。あまりに高すぎると、波動が違いすぎるので、居心地が悪くなります。だから、少し高いくらいを選択していくことで、魂は無理なく成長していきます。これからの時代は、宇宙次元の時代であり、光の時代です。ですから、肉体次元のようなあらゆるエゴや制限の強い次元に止《とど》まるのではなく、その次の段階を目指していくのが、魂の自然な在《あ》り方です。それを魂が求めているのです。

本来、私たちは、皆、光の存在です。それが肉体次元に降りてきて、エゴや制限の中を輪廻《りんね》してきたために、光の次元と分断されたような状態でした。今はそのような過去の縛りを解き放ち本来の自分に戻るときなのです。ですから、肉体次元ではなく、光の次元、霊性の次元に意識を合わせていくことが大切なのです。

龍神NIPP◯N列島の目覚め

目に見えている肉体次元がメインとなっていた時代が長く続いていたため、本当の頭は、長く眠っていました。

しかし、2011年頃を境に時代は大きく変容の舵を切りました。そして2012年の節目を経て、変容の波は少しずつ重なり、2014年の夏頃、ついに、眠っていた龍神が目覚め、私は、日本列島の本当の龍神の頭が起き上がっていくビジョンを見せられました。

その場所が、まさに、沖縄だったのです（このときの詳細は、ヒカルランド刊『龍の御使いドラゴンライダー　龍神からの「光次元」メッセージ』に詳細を書かせていただきましたので、ご興味のある方は、どうぞお読みください）。

このビジョンを現実化させるため、私は、龍神に呼ばれて、2016年2月に訪れた沖縄の古宇利島《こうりじま》を皮切りに、宮古島、波照間島《はてるまじま》、久高島《くだかじま》、沖縄本島、台湾など各地でご神事を行い、魂次元（霊性次元）の龍神の頭を開くお役目をさせていただきました。

それは、新たなる龍神のスポット＝ドラゴンゲート（龍穴）を開き、日本列島を縦断している大きなドラゴンライン（龍脈）をさらに強く大きく広げていくというお役目でした。

そして伊勢、白山、熊野、徳島（阿波）の各地にも呼ばれたご神事では、光次元仕様のドラゴンゲート（龍穴）とドラゴンライン（龍脈）が次々と育まれていきました。それは、日本の次元上昇《アセンション》が着実に進んでいるということでもありますし、地球や私たち自身が次元上昇するための準備が整ってきているということでもあります。

あなたもライトワーカー！

ここで大事なのは、このようなお役目は、私一人が行っているのではないということです。

大きな時代の転換期には、たくさんの方々が、この一大事業に関わっています。

私は、私の得意な分野、そしてご縁のある地域で、このお役目をさせていただきました。

他の多くのライトワーカーと呼ばれる方々も、それぞれの得意な分野やご縁のある地域で、お役目をされているのです。

そして、このようなお役目には、必ずサポートしてくれる多くの存在がいます。一緒に集う仲間たちもそうですし、目に見えない光次元や宇宙次元の存在たちも含まれます。

ですから、目に見える世界も見えない世界もすべてが一つになって、時代の転換を成功させ、次元移行をしようと力を合わせているのです。

今、この本を読んでくださっているあなたもその一人です。

今、この時代、この日本に生まれてきて、あるいは住んで、そして、この本を読んでくださっているということは、あなたが光の仕事をするために、ライトワーカーを志《こころざ》して生まれてきているということなのです。

あなたの光の貢献が、新しい地球を創る

ライトワーカーとは、光の仕事を行う人のことです。

光の仕事とは、私たちが、肉体次元から魂次元（霊性次元）、光次元に向かって次元上昇していくために、自分の得意分野を生かして、貢献することです。

ですから、今、あなたが、特に何も行っていないとしても、これから行うために、この本を読んでくれているのかもしれませんし、大したことを行っていないと自分を控え目に評価して

いるだけで、本当は大切なお役目を果たしているのかもしれません（本当は、控えめな評価ではなく、中庸《ちゅうよう》に見ていくのがベストです）。

あるいは、あなた自身の大切なお役目にすでに気づき、それを果たしていらっしゃったりするかもしれないし、魂のお役目のタイプが私と似ていて、私と同じようなことを行っていらっしゃったりするのかもしれません。


得意分野とは、何か特別なことである必要はありません。

最近では、得意なことを仕事に結びつけるためのマッチングサービスがネット上で話題を呼んでいますが、これも新しい地球の仕組みづくりに向けたプロセスの一つです。

もちろん、必ずしも、仕事にする必要はありません。たとえ、ほんの小さなことだと思えたとしても、あなたが得意であり、それがあなたの喜びになることであれば、必ずそれを必要としている方がいます。もっと言えば、あなた自身が喜びを実感しながら、毎日を輝かせて生きるだけで、誰かの役に立っています（本当は存在しているだけで、役に立っています）。


大切なのは、今の大転換期の流れを知り、そこに向かって、あなたの得意分野で新しい地球のための貢献を実践していくことです。そうすることで、あなたの魂は輝き、喜び、愛を贈る、素晴らしい調和の世界を作っていきます。
そして、それは、あなた自身の次元上昇にも結びついていきます。

アセンションプロセス『再生・浄化・昇華』

『次元上昇＝アセンション』について、私は、サナトクマラにその仕組みを教えてもらいました。サナトクマラとは、宇宙のシリウス星系のポータル（次元の入り口のようなところ）からやってきた、地球の次元上昇を導くリーダーであり、光次元の存在です。
サナトクマラと私の出会いは古く、私が今のようにチャネリングを行うことになる前から降りてきて、私の成長をサポートしてくださいました。私のブログ「Roy～宇宙在住」に出会いの詳細をご紹介しているので、ご興味のある方はぜひお読みください。

サナトクマラは、次元上昇について、『再生・浄化・昇華』というプロセスがあることを教えてくれました。私たちは、魂の成長をしていきながら、アセンションへの道を歩んでいますが、そのときに、魂は、『再生』現象や『浄化』現象を繰り返していきます。

魂の成長でアセンションする

再生現象とは、まるで生まれ変わるような出来事や、自信を取り戻すような出来事、新たな気づきを得るような出来事などがあって魂が成長することです。自分や周囲への愛を受け取り、愛を贈り、愛を高めることでもあります。

浄化現象とは、制限から解き放たれること、解放することです。

例えば、ごみをいつまでも捨てないでいると、散乱したままになるだけでなく、新たなごみが積もっていきます。そうすると生活しづらくなりますね。それと同じで、心や魂に溜まったものを手放せないでいると、今を生きるための障害になります。

トラウマや心の癖、エネルギーレベルの滞《とどこお》りなど、自分にとって、今を生きるための障害となるものを手放すプロセスが浄化です。

再生と浄化は、同時に起こることもあるし、どちらかが起こることもあります。起こる順番もさまざまで、再生現象が何度か繰り返し起こり、その後、浄化現象が何度か繰り返されることもあります。再生と浄化を交互に繰り返すこともあります。

こうして再生と浄化の現象を経《へ》ていくことで、私たちの愛は育まれていきます。器《うつわ》が大きくなると言えば、わかりやすいでしょうか。それは魂が成長することです。魂が成長すると、『昇華現象』が起こります。それが次元上昇です。

この本の「はじめに」で、『ゲートが開いた先には、今までよりも高い次元の世界が広がっていています。それは、今まであなたにとって大きな岩のように感じていたものが、小さな石ころのように感じられたり、絶対に越えられないと感じていた壁を軽々と越えられる乗り物に乗れたりするような、そのような世界』だということをお伝えしました。

このように、**今までよりも高い次元の世界に移行し、意識が変容することが、昇華現象であり、次元上昇**です。

私たちはすでに次元上昇《アセンション》を体験している!?

次元上昇には、個人のレベルで起こるものと、グループレベルで起こるもの、そして地球レベルで起こるものがあります。

個人のレベルでは、今ご説明したとおり、再生と浄化の現象を経て、魂が成長することで起こります。ですから、次元上昇は、決して、地球レベルの大きな変容のことだけをいうのではありません。

私たちの魂は少しずつ成長します。

赤ちゃんから幼稚園へ、幼稚園から小学校へ、時に飛び級することがあっても、赤ちゃんのレベルから宇宙創造神レベルまで一気に成長しきってしまうようなことは、まずありません。

私たちは、魂の成長と、それに伴《ともな》った小さな次元上昇を繰り返して、大きな次元上昇を体験していきます。そして、今、小さな次元上昇はもちろん、少し大きめの次元上昇をも体験される方が増えています。

次元上昇の例としては、魂レベルの約束やお役目に気づいたり、自分の生きる世界が目に見えて飛躍したり、ずっとうまくいかなかったことがうまくいったり、望むことの実現が早まったり、世界が愛に満ち溢れていることに気づいたり、自分自身が大きく変わったということでも体感することができます。第六感が大きく働くようになり、見えないはずのものを見たり感

じたりする方もいらっしゃいます。

令和とは、無限に広がる宇宙時代

日本では、元号が変わり、新しい令和の時代となりました。

元号が令和に変わり2日目の夜のこと。菊理媛《ククリヒメ》が現れました。菊理媛とは、日本の神話に出てくる神の名で、エネルギー的にはハートを開き、統合することを司《つかさど》っています。その菊理媛が、私の前に現れたので、お話をしていると、こんなことを教えてくれました。

「令和とは、令＝◯、和＝◯。◯と◯で、∞です」

そうです、菊理媛が教えてくれたとおり、無限に広がる宇宙の時代となったのです。

宇宙時代に入るまでの2016年からのエネルギーの流れ

実際に2016年頃から、宇宙エネルギーは、一段と強さを増して地上に降り始めました。

そのエネルギーの強さは毎年更新され、光次元からは、『真実を語れ』と繰り返しメッセージが届いていました。宇宙エネルギーが増すと、愛と調和しないものは、存在できないからです。『真実でないものは、すべて解き明かされる』ということも言われていました。

実際に、この年は、多くの著名人の不倫の問題（特に嘘で固められたもの）が世に出され、食品偽装問題やパナマ文書の流出など、真実が解き明かされるような大きなニュースが世間を騒がせることになりました。

『2017年は宇宙元年』と、光次元の存在たちから伝えられていました。光次元に繋がる次元の扉が開き、私の元に届く宇宙からの情報が一層多くなったのもこの頃です。私のところにも、神聖幾何学の情報や松果体やDNAの覚醒方法についての情報が増え、シリウスやリラ、アルクトゥルスからのアクセスなども増えていきました。これらについては後ほど詳しく説明します。

そして『2018年は宇宙維新』。地球のアセンションプログラム史上かつてないほどの量の宇宙エネルギーが届き始め、私たち自身が宇宙人（宇宙の一員）であることを意識する時代となりました。

世間では『宇宙人がいることを前提にした宇宙探索』が、宇宙科学の世界で行われていることが話題になっていました。

光次元からは、『(地球上の)光の密度がシフトした』との情報が届けられていて、個人個人の魂の成長が、一層、促《うなが》されていきました。

『2019年は宇宙時代の本格的な幕開け』と言われました。宇宙エネルギーの量も質も、地球史上最高のものが毎日のように降り注ぎ、更新され続けていきました。その結果、想念が現実の世界に反映していく流れが、(今までも速まっていましたが)さらに加速度的に速まり、人々が魂次元(霊性次元)のことを求める気持ちや理解度も、加速度的に速まっていきました。それに伴い、二極化も進みました。

令和1年11月1日、11月11日と首里城の炎上

2019年を語る上で、日本では、令和の時代が始まりを告げたことは欠かせません。

天皇陛下の即位の礼(10月22日)の数日前には、**光の剣が日本列島に、たくさん降りてきました。**それは短期間にエネルギーレベルを上げるためのものでしたが、まるで私たちに訴えか

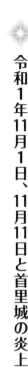

けるようなものでもありました（これはとても印象的でした。なぜなら、光次元は本来急《せ》かすことを、まずしません。それぞれの魂には自由意志があるからです。それなのに、まるで急かすような勢いで光の剣が降ってきていました）。ここからまた、二極化が進みました。

即位の礼では、エンペラーウェザーで虹が掛かったことが話題になりましたが、その前に、天皇陛下の車列とともに、虹の龍神が現れていました。

そのときのことを、私のブログ「Roy〜宇宙在住」でも書かせていただきましたのでご紹介したいと思います。

2019年10月22日

嬉し涙というのがありますが、悦《よろこ》びの雨というのもあるようです。

小雨《こさめ》の中、柔らかにほんのりと陽が差したかと思ったら、その後、大きく長い龍神の体全体から悦びの雨が降り出しました。

天皇陛下の車列の上空の龍神のことです。

悦びの雨は、龍神を飾る装束のようにも見えます。

品良くほのかに彩る虹色のエネルギーとともに龍神の悦びを表現しています。

２０１９年10月23日

龍神が降らす悦びの雨は、その後、浄化の雨となりました。式典の直前まで、激しく降り続いていたときに、光次元より、「奇跡を知らせるため」とメッセージが届きました。つまり、最初から晴れていても神秘的でないから、雨を降らせることによって（それも激しい雨を）、まさかの晴れ間や虹を出すことで奇跡を世界に発信するという意味があるそうです。

世界各国から招かれた国家元首など要人の方々の目の前で、激しい雨が上がり、晴れて日差しが射し込み、虹までかかる。もちろん、メディアを通して、そのことが日本から世界に発信されるわけです。

これこそが、いつもお伝えさせていただいている『日本から世界に発信していく』ということの象徴でもあり、号砲（開始の合図）でもあったのです。

ところで、その虹ですが……、

あれは、龍神でした。

そのときの虹の写真が、数多くネット上に上がっていますが、その中に、地表との境目がなく、こんもりと低いドーム型のように輝いている虹の写真を掲載されている方がいらっしゃいましたが、その姿（形）は、昨日、私が拝見した天皇陛下の車列の上を並走していた龍神の姿とまったく同じでした。

10月22日のブログに、こんなふうに書かせていただきました。

『（龍神が降らせた）悦びの雨は、龍神を飾る装束のようにも見えます。品良くほのかに彩る虹色のエネルギーとともに龍神の悦びを表現しています』

それがそのまま、この世界に具現化されたのが、あの虹でした。

光次元の世界は、このようにして、これからもどんどん私たちの世界と統合していきます。そして、それを実践していくのは、私たち自身です。

11月1日は始まりの日でした。実際の令和時代は5月1日から切り替わりましたが、エネルギー的に明確に切り替わったのは半年後の11月1日でした（令和1年11月1日で、1111の数列の日でした）。

前日の終わりの日である10月31日には、首里城が炎上しました。この事実は、私自身も大変ショックを受けましたが、『意味がある』ということを日本列島の龍神（龍神NIPP〇N列島）から、ニュースを知った直後に伝えられました。龍神に意識を向けると、まったく動じていませんでした。わかっていたことのようでした。さらにこれは鳳凰の顕現《けんげん》を表しているということでした。地球においては、龍神が大地を、鳳凰が天空を司っています。つまり、宇宙時代の幕開けにより、鳳凰が火の鳥となって昇り、天空を宇宙と繋いだのです。そのビジョンも見せられました。

見せられたのは11月11日。またしても数列が並んだ日でした。この日は、光の統合の日であることを、光の存在たちからは事前に伝えられていました。宇宙の光と自分の内側の光が統合する日という意味です。当日、光の統合に意識を向けた途端《とたん》に、首里城とそこに立ち上る炎、そして上昇する鳳凰のビジョンが現れました。首里城の炎上は、鳳凰が顕現し、宇宙と地球とを統合させたことを表していました。また、動じていなかった龍神も、鳳凰とともに在り、その力を一つにしていました。

なぜ首里城だったのかというと、すでに書かせていただいたとおり、沖縄地方は魂次元（霊性次元）の頭に当たります。つまり、霊性の松果体を開いて次元上昇するための重要なドラゴンゲートの一つだからです。

そして、この終わりの日と始まりの日を境に、他にも大きな出来事がありました。オリンピックの陸上競技の札幌移転も、このタイミングです。首里城とともに世界的に注目されるリセット・リスタートの出来事となりました。他にも国内で大きなニュースとなったのは、大学の英語の民間試験の導入がひっくり返ったことです。これもリセット・リスタートです。**ひっくり返るような出来事は、今後も起こってくる**でしょう。

これらは、**古いものの終わりと新しいものの始まり**を意味しています。こうして、鳳凰と龍神が宇宙統合を告げ、いよいよ2020年に入ります。

2020年は宇宙統合

そして、2020年。お客さんの時代は終わりだと、光次元の存在たちは伝えてきます。不慣れで手探りな旅行者扱いではなく、次元上昇を実践、実現させるための、光の仕事人（ライトワーカー）として、目覚めた地球人、一人一人が、着実な歩みを進める時代だと言います。

かつて、龍やドラゴンと共生していた時代に、光を扱い、光に導くドラゴンライダーという存在がありましたが、光の仕事人（ライトワーカー）とは、現代のドラゴンライダーだと言えるでしょう。

このように、宇宙時代には、ますます多くの、解明されていなかったことがわかってきます。また、これまで世に出ていなかった真実もこれまで以上に世の中に出されてきます。ネガティブな意識により隠されていたものが明らかにされていきます。

神聖幾何学とは多次元の形

神聖幾何学について、最初に情報が届いたのは、2015年頃でしたが、それから、宇宙エネルギーの増量に合わせるように、あらゆる情報が届けられてきました。

神聖幾何学は、わかりやすく言えば、私たちが次元上昇をしていく上でサポートとなる、神聖なエネルギーを持った形のことです。そして、宇宙も人間も、それを形にすると、神聖幾何学になります。

「神聖幾何学は、私たちのすべての位置関係を繋いだもの。

人体も、宇宙も。繋ぐと、シンメトリーな形になる。左右や上下に対称的な形。

例えば、六芒星《ろくぼうせい》も。五芒星《ごぼうせい》も。いずれも2次元だが、私たちは2次元の存在ではないので、当然、神聖幾何学も2次元ではない。では、3次元かというと、3次元でもない。

なぜなら宇宙は多次元だから、無限に広がる宇宙において、神聖幾何学も無限次元に形を持つ。つまり神聖幾何学とは多次元の形。

これからの人類は、多次元感覚を取り入れることが必要です」

これは、光次元から私の元に　初めて神聖幾何学情報が届いたときの一部です。

多次元と言われても、普段、多次元領域に住ん

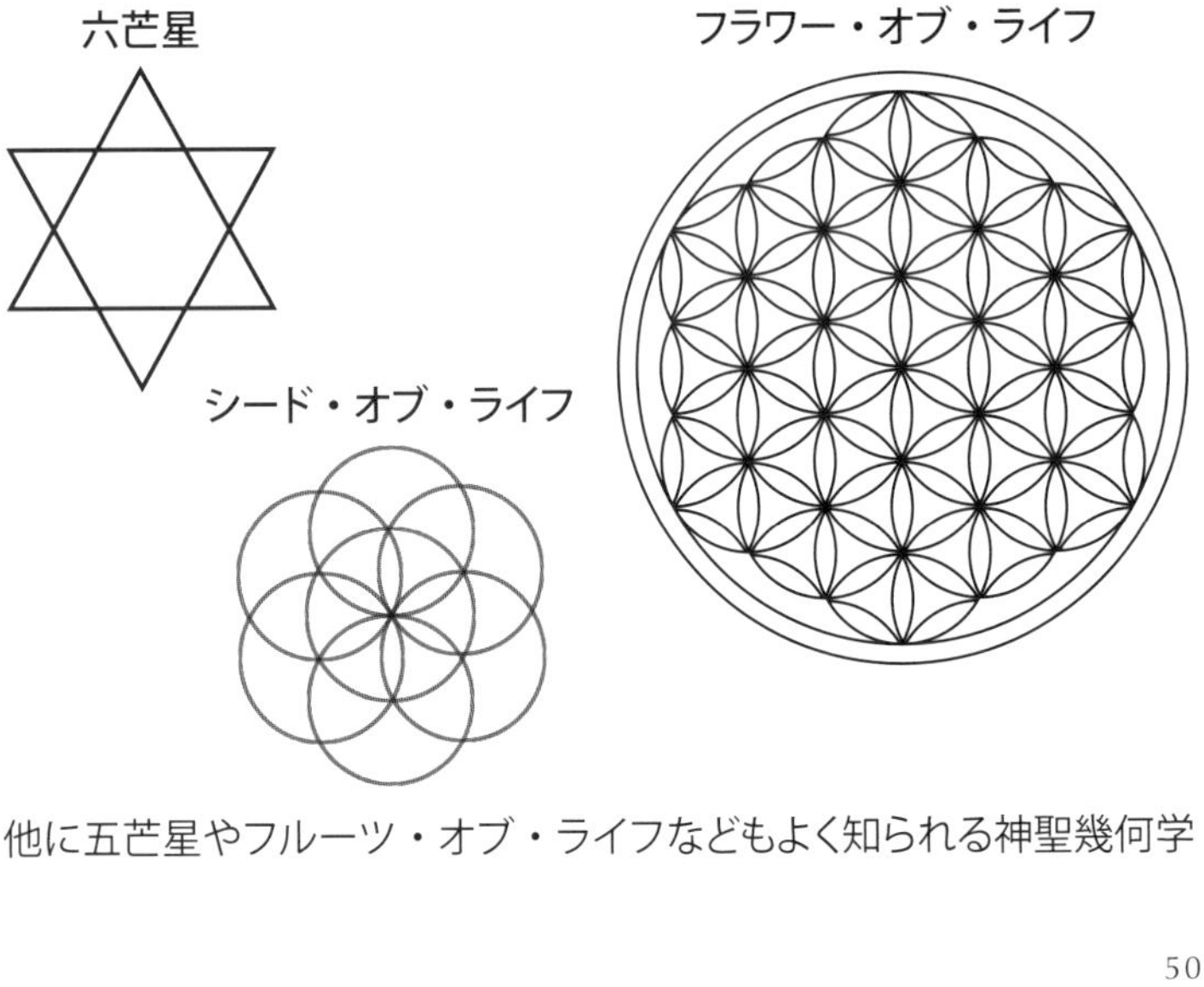

他に五芒星やフルーツ・オブ・ライフなどもよく知られる神聖幾何学

でいない私たちにとっては、わかりづらい概念だと思います。

そのことを、光次元の存在たちに相談すると、こんなふうに答えが返ってきました。

「多次元を頭で理解するのではなく、感覚的に取り入れていくことが大切です。神聖幾何学が、平面や立体で表現できるような浅いものではないのだ、ということを、まず知っておくことが多次元感覚を取り入れる第一歩です」（※）

※多次元を感覚的に理解していただくために、龍神から受け取った物語があります。第4章の後の特別章（白金龍神《プラチナドラゴン》が導く曼荼羅の真実）をお読みください。

私たちは神聖幾何学と同一で、これは私たちの波動を上げる要素

その後も、神聖幾何学についての情報は、届き続けました。

「宇宙の記憶、太陽は動いている。

今も続く惑星の進化の過程をあなたも常に記憶し続けている。

太陽は動く。そして太陽も公転している。動きながら公転している。その周りで惑星が公転している。

つまり、惑星の公転が、楕円や円で描かれるのは、2次元で表現しているだけなのです。

実際の公転軌道は多次元で表されるのです。

立体の五芒星や六芒星の位置と相関関係をもってまわり、惑星の位置も、神聖幾何学と相関関係にあるのです。

つまり、太陽＝私たち自身として見立てると、私たち自身が次元移行に動いている。その周りを宇宙のさまざまな記憶を持つ惑星が回っている。その位置は、六芒星など神聖幾何学と相関している。その位置関係で私たちは移行している。

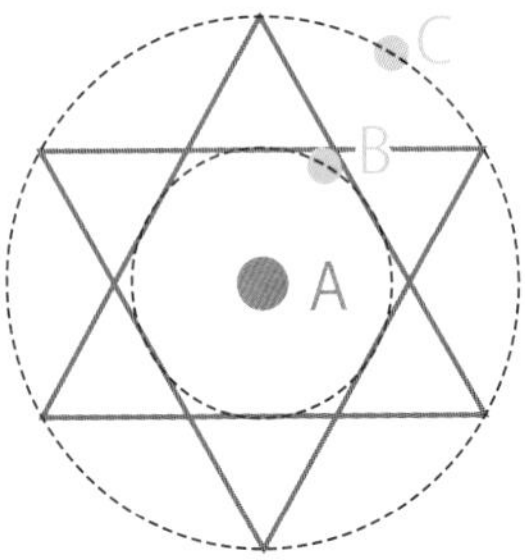

例えば、Aという星を中心に、ある六芒星の内側を好転するBという星があり、同じ六芒星の外側を公転するCという星があるというふうに、宇宙はさまざまな神聖幾何学に溢れている。これは平面にした場合の例で、実際には多次元で展開されている。

だから**私たちは、神聖幾何学と常に同一**であるのです。**これは波動を上げる大事な要素、**真理であるのです」

この情報をキャッチしたときに、神聖幾何学模様が『森羅万象《しんらばんしょう》や生命の根源を表す形』とされている意味がよくわかりました。

そして、これらの情報は、私たちの次元上昇のサポートとなるように、利用することができることも告げられました。(※)

※【ワーク】第4章に『神聖幾何学を使った次元上昇ワーク』を掲載しています。

松果体

このように神聖幾何学情報が届けられると同時に、松果体やDNAについても情報が降りてきました。

松果体とは、一般的には、脳にある内分泌器で、8㎜位の大きさをしているとされています。

もともとは、もっと大きかったものが、現代人の松果体は、退化によって硬く縮こまってしまったのだと言います。また、脳にストレスがかかることによっても硬く縮こまりやすいと言われています。

私が、光次元から受け取った情報によると、**松果体は宇宙の叡智と繋がるところ**だと伝えられます。ですから、**太古の人類は、この松果体をとおしてしっかりと宇宙の叡智と繋がっていたため、松果体が退化することなく、直感力や第六感を十分に使っていた**のです。

また**多くの光次元の存在たちが、松果体を守護しています。**私が受け取っている情報だけでも、**龍神やホルス神、八咫烏《やたがらす》や猿《サル》田《タ》彦《ヒコ》神《シン》（イエス・キリスト、サナンダクマラ）、サナトクマラ、菊理媛《ククリヒメ》**など、多くの存在たちが松果体を守護し活性をサポートしてくれています。

なぜこんなにも多くの存在が関わっているのかというと、**松果体は次元上昇のための大切な鍵を握っているから**です。松果体は、活性化させて、覚醒へ導くことで、次元上昇を促します。そのことを、松果体を開く、と言います。（※）

※**【ワーク】**第4章の「ワークを活用する」では、松果体を開くためのさまざまな方法をご紹介していま

す。

チャクラとドラゴンゲート

このことは、人体のドラゴンゲートを開くということでもあります。

この世界は、すべて同じものの縮図です。つまり、世界の縮図が日本であるように、一人一人の存在も、その縮図となります。ですから、日本列島にドラゴンゲートがあるように、人間にもドラゴンゲート（龍穴）があります。それがチャクラです。

人間の体の中には、いくつかのエネルギーセンターであるチャクラがあります。エネルギーセンターとは、エネルギーを生み出したり、送り出したり、維持したりするところです。大きく分けると7つのチャクラが体に存在しています。

そして龍のエネルギーが、そのチャクラを一つ一つ保持しています。中でも、眉間のあたりに存在する**第6チャクラと言われるところは、第三の目**とも呼ばれます。そこは龍の目であり、あなたの中の龍のエネルギーが、第三の目を使ってものを見るとされ、目に見えないものを見たり感じたりすることができる場所です。

そこは、松果体と密接に繋がっています。エネルギー的には同じところと捉えていただいても構いません。

ですから、**松果体が活性化し、覚醒する（松果体が開く）ということは、あなたのドラゴンゲートが開くということ**になるのです。

チャクラがドラゴンゲートであるということは、チャクラが繋がるラインは、人体のドラゴンライン（龍脈）です。ですから、**松果体を活性するためには、第6チャクラだけでなく、他のチャクラも整えていく必要があります。**そのためにも、**ドラゴンゲートを開き、ドラゴンラインの流れをスムーズにしていくことが大切**です。（※）

※【ワーク】第4章に『チャクラを整えゲートを開くワーク』を掲載しています。

すべてのチャクラを整えることの大切さ

個人セッションの中で、「スピリチュアル的な感覚が出てきたのはよいのだが、リアルなこわい夢を見るようになった」「決まった時間に勝手に体が動き出してしまう」というご相談を受けることがあります。「どういうことなのか少し見てくれませんか」とご依頼いただき、その場でチャネリングとエネルギー調整をさせていただくと、チャクラの上の方ばかり開いて（これは本当の意味で開いたとは言えないのですが）、下の方のチャクラが全く整っていない状態であることがわかります。そしてなぜこのような状態になっているのか、ご本人の過去世の情報もどんどん届くこともあり、その内容をお伝えすると、とても納得されます。

そのような場合、エネルギー調整では、地球のエネルギーとご本人の正中線（中心軸）のパイプラインとをしっかり繋げるということをさせていただきます。いわゆるグラウンディングです。ご自身でできるその方法もお伝えして、セッションを終えると、「自分でも地球と繋がったような感じがする」と、それまでとの感覚の違いを感じられるようです。すると、こわい夢を見なくなったり、体が勝手に動き出すこともなくなったりします。

どこか一ヶ所を開きたいというのは危険

このようにチャクラとは、どこか一ヶ所が開いていればいいというものではありません。よく第三の目や松果体（第6チャクラ）を開きたいというご要望がありますが、そのためには、それ以外のチャクラがしっかりと整っていることが大切なのです。

他のチャクラが100％整っていれば、第三の目や松果体（第6チャクラ）も100％開くことが可能です。他のチャクラが10％整っていれば、第三の目や松果体（第6チャクラ）も10％開くことが可能です。そうでなければ、先ほどのようにバランスが取れずに、人間生活に支障をきたしてしまいますし、もっと危険な状態になる場合もあります。

ですから、私も、松果体覚醒ワークショップやセッションをさせていただくとき、その大切さを何度もお伝えさせていただき、できるだけ他のチャクラも整えることも、させていただいているのです。

DNA情報

松果体を開くと、私たちのDNA情報にも影響を与えます。

DNAは、二重螺旋《らせん》として知られていましたが、実はもっと多くの螺旋構造があります。今まではそれが眠っていただけなのだと光次元の存在たちは教えてくれました。この多くの螺旋構造は、宇宙の構造の縮図なのだそうです。

松果体を開くことにより、この眠っていたDNAが起こされるのです。そしてそれは、遺伝子レベルで大きく変容し、人類が進化することを表しています。

宇宙元年となった2017年、次元の扉が開いたときに「これまでの自分と進化した自分(ハイヤーセルフ)が統合し、ハイブリッド化する」という情報も届けられていました。**ハイブリッド化とは、DNAの変容による人類の進化の現象**のことをいいます。

そもそも人類は、進化を繰り返し、今の姿に落ち着いています。宇宙から私たちの祖先にあたる存在が地球にやってきて、人類の原型を作り、そこにまた、別の祖先がやってきて、DN

Aを変容させ人類を進化させせました。

チャネリングで確認すると、そういったことが何度か行われていたようです。祖先というのは、宇宙からやってきた存在で、今では私たちは、そのいくつかの種を神と呼んでいます。

エネルギーの大変容期である今、人類の次元が上昇するということは、このように、人類のDNAにまで大きな変容が起こるということです。そして今回は、祖先が主体ではなく、**私たちが主体となって、DNAを変容させようとしている**のです。

光次元の存在たちからの情報

先ほどから、『光次元の存在たちの情報』という表現をしていますが、このことについても少し触れておきたいと思います。

光次元とは、5次元以上の高い次元を総称して表しています。私の元に届けられる情報は、そこからの情報です。

各存在によって、得意な分野が違うので、それぞれが自分の得意分野の情報を教えてくれます。例えば、松果体であれば、サナトクマラやホルス神が、たくさんの情報を届けてくれましたが、他にシリウス星系のポータルからも、松果体についてのさまざまな情報が届きます。菊理媛《ククリヒメ》が松果体について教えてくれたこともありました。

このように、一つのことでも多くの存在から情報を得て、この本に記しているので、情報ソースとして『光次元の存在たちからの情報』または『光次元からの情報』と一括《ひとくく》りで表しています。

私たちの魂の起源は宇宙にある
～シリウス、リラ、アルクトゥルス、宇宙連合など

シリウス星系は、私自身、とてもご縁のある星系で、あるとき、シリウスにはAやB、CやD、Eなどがあるということも、光次元から教えられました。龍神や人魚などは、シリウスBからの存在です。また、神として知られるホルス、素戔嗚尊《スサノオノミコト》など、今、日本や地球に影響をもたらしている存在も、その多くがシリウスポータル（シリウス星系の入り口）を通ってきています。

シリウス以外にも、リラ星やアルクトゥルス星、宇宙連合など、情報を届けてくれる存在は本当に多種多様です。その理由は、私たちの魂の起源にあります。

私たちの魂は、ほとんどが、さまざまな星を経由してやってきています。

リラ星とは、私たちの大元の祖先の星です。そこから、シリウスやプレアデス、アルクトゥルス、オリオンなどの星系に散っていきました。

ですから『リラで生まれ、シリウスに行き、プレアデスを通って、またシリウスに行き、地球に降りてきた』という人もいれば、『プレアデスで生まれ、オリオンに行き、私たちがまだ聞いたことのない星系を経て、また別の星系に行き、もう一度プレアデスに戻り、地球に降りてきた』という人もいます。『宇宙連合で長く働いていた』という方もいるでしょう。私自身も、ある星系間で、その星々の進化をサポートする仕事のために、大きな母船にいたという記憶があります。その母船には、さまざまな星出身の宇宙人たちが仕事をしていました。

宇宙の存在たちが私たちの次元上昇をサポートしている

私の元に届く、宇宙からの情報としては、一時期は、シリウス星系からの情報が非常に多かったのですが、最近では、リラ星やアルクトゥルス星からのアクセスも増えています。

特にリラという星は、シリウスからの情報が増える前からアクセスがあります。リラという星が、私たちの大元の祖先にあたる星だからなのかもしれませんが、私自身が、リラと、とてもご縁が深いことも理由のようです。

リラからアクセスがあるのは、リラで王女のような役割をしていた存在からです。その存在は、豊かで、愛の波動の高い女性性を有しています。それを活かして、日本で言うと卑弥呼《ひみこ》のように、宇宙の源（神）と繋がり、リラ星の進化をサポートしたり、その星全体が、無理なく循環するよう統治したり、という役割を持っていました（私は、ある宇宙母船で、星系間の秩序維持に携わっていた過去世で、そのリラの王女を守護する役目を担っていたことがあり、ご縁が深いようです）。

そのような役割のあるリラ星の王女からのアクセスの増加は、今、地球が大きな変容期に入っていることとも無関係ではなく、女性性のエネルギーにより、地球や地球人類の次元上昇のサポートをするためです。

サポートをしてくれているのは、リラだけではありません。私たちの魂が通ってきたさまざまな星系からサポートが届いています。

ホルスや素戔嗚尊がシリウスからやってきたと書きましたが、地球で知られている神々は、元はと言えば、宇宙からの存在です。サナトクマラやサナンダクマラ（イエス・キリスト、猿田彦神）、天照大神《アマテラスオオカミ》もそうですし、菊理媛もシリウス星系からやってきています。それぞれが、それぞれの得意分野で、私たちをサポートしにやってきてくれているのです。

令和の本当の意味：菊理媛《ククリヒメ》の締めくくり、ハートを開き統合する時代

先ほど、菊理媛が、「令＝〇、和＝〇。〇と〇で∞」という情報を教えてくれたというお話をしました。あのお話には続きがあります。

まず、『〇』は、菊理媛を表します。また、∞の〇と〇が重なると統合です。

無限大に広がる宇宙の時代の次の流れは統合なのです。

菊理媛は、日本の神話では伊弉諾尊《イザナギノミコト》と伊弉冉尊《イザナミノミコト》を仲直りさせた神として知られている女性の神様です。

数字でいうと9を意味します。数を数えて次の桁に上がるときに必ず最後に来るのが9です。ですから、最後の締めくくりの意味があります。

令和は、菊理媛による最後の締めくくりであり、統合の時代でもあるのです。

最後の締めくくりとは、私たちが次のステージに次元上昇する最後の締めくくりです。

そして、無限の宇宙が一人一人の中に統合していくとき、それは松果体とハートと丹田《たんでん》に統合していきます。人間の肉体の中心であるハートと、新しい地球と繋がる中心である丹田、そして、宇宙と繋がる松果体で締めくくり（統合し）、覚醒して、眠っていたDNAを起こしていくのです。

神聖幾何学と宇宙との関係について先ほど少し紹介しましたが、菊理媛も、ある大事な神聖幾何学情報を届けてくれました。それがまさに、ハートや丹田や松果体での統合と覚醒を促すための神聖幾何学で、私は、菊理《ククリ》神聖幾何学と呼んでいますが、そのような情報を菊理媛が届けてくれるほど、ハートを開くことや、ハートと丹田と松果体で統合するということはとても大切なことなのです。

ハートを開き、世界を開く

また、松果体は脳のハート、丹田はお腹のハートでもあります。ですから、ハートを開くということは、松果体や丹田を開くことでもあります。

これら**3つのハートを開くためには、心の癖や魂の記憶（トラウマやブロック）を手放して、曇りをとり、ハートを軽やか清らかにしていくことが大切**です。そのことを龍神NIPP◯N列島（＝日本列島の龍体）に当てはめると、ドラゴンゲートを開いて、ドラゴンラインを世界に繋げていくことに相当しています。

『令和』という元号には、このような壮大な意味が込められています。このタイミングで元号が令和に決まったことは決して偶然ではありません。そして締めくくりの象徴が、菊理媛という女性性のエネルギーを持つ存在であることも偶然ではありません。

新しい時代には、女性性のエネルギーが大切だからです。

女性性のエネルギーが大切になる愛と調和の時代

これまでの時代は、男性社会で、権威や権力がものをいい、一番を競い合い、ピラミッド構造でその頂点に立つことが成功とされ、自分だけ得をする、または自分だけ、自分たちだけがすごい、偉いという利己的な考え方などをする男性性のエネルギーが優位に働いていた社会でした。

しかし**これからは愛がすべての女性性のエネルギーが一層大切になる世界**となり、その兆候は、すでにたくさん現れています。

例えば、以前は、パワハラやセクハラなどに対して立場の弱い人が泣き寝入りをせざるを得ないような社会でしたが、それが変わりつつあります。

都会のガツガツとした生活を嫌い地方に移住する若者が増えていることも女性性のエネルギーが増してきている証拠です。男性性に傾いていたシーソーが、女性性が大切にされることによってバランスが取れてきます。

男性性がダメなのではありません。

例えばリーダシップや積極性、これは、男性性の性質の一つです。ですから、男性性エネルギーが極端に足りない場合、『何も物事が進まない』なんてこともあるでしょう。

男性性と女性性についてもう少し説明すると、これはエネルギーの性質の問題で性別の問題ではありません。だから、今、私たちが、どの性別で生まれているかは関係ありません。

例えば、性別にかかわらず、『ピラミッド構造が嫌で、出世よりも穏やかな毎日を好む』という方は、女性性が豊かであると言えるでしょう。逆に、『とにかく認められ、成功し、出世したい！　競争して勝ちたい！』という方は、男性性の方を強く出していると言えるでしょう。

愛の成長度合いが沸点に達するとき

大切なのは、男性性と女性性の統合です。いいとこ取り、と言っても良いかもしれません。

戦国時代や戦争の時代は、極端に男性性のエネルギーが優位でした。しかし、今、女性性のエネルギーが増してきたことにより、バランスが上手に取れ始めているのです。

それは私たちが、愛を大きく成長させてきた証《あかし》でもあります。別の言い方で言えば、エゴを手放してきたということでもあります。

例えば、「自分が一番！」「自分だけがすごい！」「自分だけがよければいい」という考えは、わかりやすいエゴですが、魂の学びをして、男性性と女性性の統合がなされ始めたときにも、「おごり」という名のエゴが出てきます。

いつも**自分の足元を見つめ、決しておごらないこと、謙虚であることは、これからの統合の時代に、私たち自身が自分を振り返るときの大事なバロメーターのひとつ**です。

このような愛の成長度合いが、今、沸点に達しようとしていて、そのときには、私たちの世界は大きく飛躍するのです。それが次元上昇です。

そのための最後の締めくくりであり、宇宙統合時代が本格的にスタートしました！

さあ、それでは、次の章からは、今、どのような動きが、私たちの魂次元（霊性次元）で起きているのか、そして、私たち一人一人ができることは何かについて、私の旅を通してお伝えしたいと思います。

魂次元（霊性次元）で起きていることは、あなた自身にも起きてくることです。自分とは関係ない世界の出来事のように思うのではなく、次は、あなたの中にそれが起こるのだということを感じながらお読みいただけたら幸いです。

第2章

霊性開き／霊性の龍脈を繋ぐドラゴンゲート

～沖縄・伊勢・台湾編～

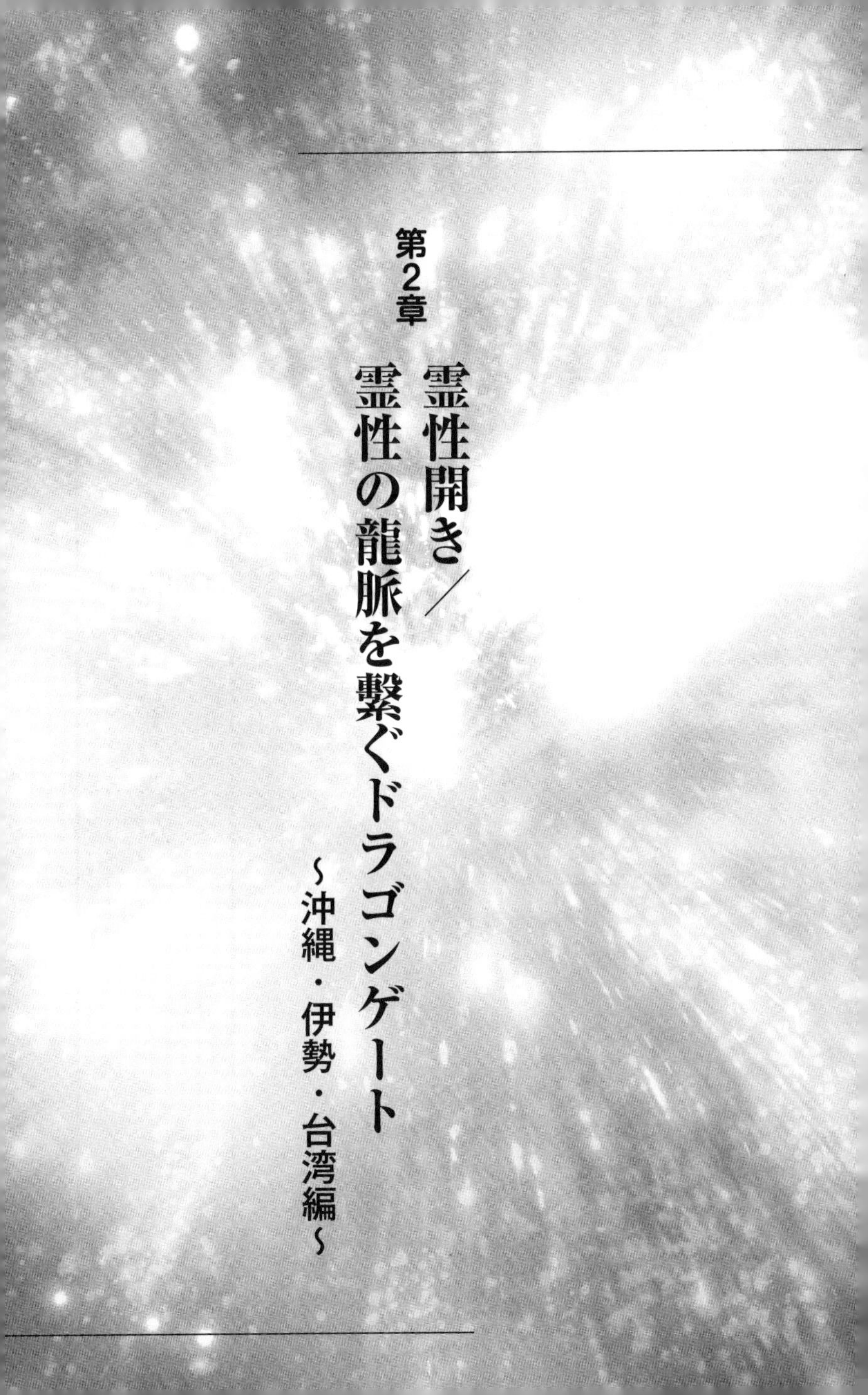

GATE1　再生〜ムー大陸と日本の繫がり

プラチナドラゴンとゴールドドラゴンの導き

　2015年2月のことです。私は、ムー大陸のエネルギーに生まれて初めて遭遇しました。それは、白金に輝く龍神（プラチナドラゴン）と金色に輝く龍神（ゴールドドラゴン）が教えてくれた場所での出来事でした。

『閉じ込められて黒くなってしまった龍神と人魚が子宮で護る宝玉（龍の玉）の封印を解くこと』

「沖縄という龍神NIPP〇N列島の頭から、世界に向けて『これからの人類にメッセージを発信する』『そこから次元上昇が始まる』『沖縄から世界を拓く』」

そう伝えられた私は、教えられた地である沖縄県の古宇利島を訪れ（P29地図参照）、沖縄地方特有の草木が生い茂り、まるでジャングルのような中を分け入って行きました。足元に道はありません。木はもちろんのこと、草も、自分たちの背の高さ以上に生育していて、足元から頭の上まで生い茂っています。倒木もいくつもあり、それをよじ登るようにして跨《また》いだり、腰をかがめてくぐったりしながら、龍神たちが教えてくれた目的地である洞窟の石碑を目指していました。

天気を動かす龍神パワー

お天気はちょうど良い曇り。実は、この日の朝、起きたときには土砂降りでした。案内をしてくれたYさんも、

「今朝は土砂降りだったから、今日はもうダメだと思っていた。日差しも出ていないし行きやすいよ」

と言って、タイミングよく雨が上がったことに驚いています。


そして、後でわかったのですが、2月とはいえ、そこは沖縄。太陽がまともに出ると夏のよ

うに暑く、ジャングルのように草木が生い茂った中では、あっという間に蒸し風呂以上！

滞在を予定していた3日間の天気予報はずっと雨だったので、

「このご神事に雨が必要ならば雨を降らせて、そうでないなら雨を止ませてください。必要なお天気にしてください」

そのようにプラチナドラゴン（白金龍神）とゴールドドラゴン（金龍神）に伝えていました。

すると、本当に、ちょうど良い曇りのお天気が私たち一行を護ってくれたのです。

龍神は、雨を降らすとも言われますが、天候を変えることも得意なので、このように必要なときにはちゃんと守護してくれます。台風が来ていようと、嵐が来ていようと、本当に必要があれば、その時間だけは、上手に雲を動かし、調整してくれます。

仕掛けられた計らい

しかし、ジャングルのような中を歩く私たちは道に迷ってしまいました。道案内のYさんも、どうも様子がおかしいと思ったら、

「そこには子供の頃に行ったきりで何十年も訪れていないから、たどり着くかわからない」

と、突然のカミングアウト！　驚きのあまり返す言葉も出てきません。

でも、そんなはずはありません！　だって、私は、Yさんに目的の洞窟の石碑までの道案内をしてもらったという方に、Yさんを紹介されたのです。少なくとも、そのときには、無事に訪れているはずです。それから1年も経っていません。

しかし、なぜかその記憶がないというYさんに道案内してもらい（道がわからないので、道案内とは言えないのですが……）、何時間もかけて道に迷って、時には、このままジャングルの外に出られないのではないかという程、奥深くまで入り込みながら、同じところをぐるぐる回りながら、歩みを進めていきました。

ちょうど良いお天気とはいえ、そこはジャングルのようなところ。頭のてっぺんから汗がとめどなく滴り落ちてきます。「これ、大丈夫なのかな……」心配や不安が一瞬頭をよぎりますが、

「普通では考えられないこの展開には、何か大切なことが仕掛けられている！」と察した私は、この状況を楽しむことにしました。これは、**疑問や焦りなどさまざまな低い波動の感情を一旦手放し、波動を軽やかにしたということ**になります。

不安や恐れを手放し、癒しや笑いに昇華するプロセス

こんなジャングルのようなところを歩くなんて滅多《めった》にあることではありません。普段見ない熱帯の植物、濃い緑色、大きく育って人間の身長を優に超えています。

植物の持つパワーを十分に受け取りながら歩いていると、後ろから不安の声が聞こえてきました。同行していた私の母（ミロク・エンジェル）です。

私でも肉体的にかなりきつかったので、母には相当きつかったはずです。それだけではなく、「もうこのジャングルから外に戻れないんじゃないか」という不安や恐れとも戦っていたそうです。（大げさでなく、それくらい鬱蒼《うっそう》として、道もないジャングルに深く入ってしまっていたのですから、無理もありません。）あとで本人に聞くと、泣きそうだったと言っていました（笑）。

しばらくして、ミロクさんが、すぐ前を歩いていたもう一人の同行者の名前を呼びました。私のスタジオ「クリスタルハート」のスタッフのNさんです。

突然呼ばれたNさんは、ミロクさんが足元を見誤まって転びそうになって助けを求めている

のだと思って、とっさにミロクさんの体を支えようと、振り返って身構えました。

すると……、なんと、ミロクさんはピースして、にっこりと笑っていたのです。

「写真に撮って！」

とポーズするミロクさんは、今までと打って変わって無邪気な笑顔です。

Nさんも私も拍子抜け（笑）。


ミロクさんに聞くと、直前まで不安と恐れに包まれていたのが、突然吹っ切れて楽しくなったのだと言います。

Nさんもはじめは、「本当に目的地に着けるのかしら……」と不安だったそうですが、途中から葉っぱたちが愛しくてたまらなくなってきたそうです。


そう、この展開に秘められていた大切なことは、**不安や恐れを手放し、癒しや笑いに昇華することだった**のです。

魂の成長と振動数と未来の話

それは、それぞれの魂が成長した瞬間でもありました。特に、ミロクさんの笑いへの昇華力は、その場にいた全員の波動を一気に上昇させてしまいました。私もまた、一段と不安を手放し、心を軽やかにすることができました。もし、一人でも不安や恐れを手放せずにいたら、今でもジャングルで迷っていたかもしれません。怖いですね〜（笑）。かなり荒療治でしたが、**荒療治だからこそ、短い時間で魂が成長できるというメリットがあります。**

短時間のうちに、一行の魂が成長したということは、**歩む次元も一つ上昇する**ということを意味します。

肉体次元と魂次元（霊性次元）があることをすでにお話ししましたが、**私たちという存在の源はエネルギー**です。私たちはエネルギーでできています。

エネルギーは振動数を持っていて、その振動数が低く（粗く）なったのが肉体次元です。**振動数が高く（微細に）なると、魂次元（霊性次元）を理解し、魂次元で生きられるように成長**していきます。

不安や恐れを抱くのは、振動数が低くなっていることを意味しています。

同じ状況を体験しても、人によって反応が異なりますが、振動数が低いほど、心に不安や恐れが強いので、怒ったり、泣いたり、慌てたり、という反応が強くなります。

そして振動数が高いほど、心が軽やかなので、笑ったり、穏やかだったりという反応をします。

ここで、想像してみてください。あなたが怒ったり泣いたりしているとき、物事はどのように進みますか？　逆に、笑ったり穏やかでいるとき、物事はどのように進みますか？

物事がうまく進むのはどちらでしょうか？　いつもはしないような失敗をしやすいのはどちらでしょうか？　素晴らしい出会いを得やすいのはどちらでしょうか？

そう。**魂が成長をすると、振動数が高くなり、歩む次元も一つ上昇し、素晴らしい未来が開けるのです。**

ドラゴンラインを世界に繋ぐ

一行がそれぞれに魂の成長をすると、案の定、突然ひらけた場所に到着しました。

そこは、予定の目的地ではありませんでしたが、私が来ることになっていた場所でした。

というのも、沖縄行きの飛行機の中で、私はあるビジョンを見せられていました。いつも出発の際には、そのようにしてご神事の目的や関係するキーワードなどが伝えられます。

そのビジョンとは、『琉球王国の女神が、ゴツゴツした岸壁の岩場にたち、海に向かって両手を広げ、太陽を背にして、日本から世界に向かって平和を祈っている。』というものでした。

ジャングルで迷った挙句《あげく》にたどり着いたこの場所こそ、ビジョンで見た琉球王国の女神が平和を祈っていた場所でした。

私はビジョンで見せられたのとそっくりそのままの光景が広がっていることに、本当に驚きました。

水平線（東シナ海）に向かうと、確かに太陽を背にすることになります。

私はその場所に導かれたことを直観し、ビジョンで見たのと同じように、両手を広げ世界に向かって平和を祈りました。

祈りを込めながら、これもまた、この旅での必要なご神事であったことに気づかされていました。なぜなら、**ドラゴンラインを世界に繋ぐための平和の祈り**だったからです。

琉球王国の女神が祈りを捧げていたところ

偶然のように仕組まれたこの場所の訪問もまた、ドラゴンゲート（龍穴）を開き、龍神ＮＩＰＰ◯Ｎ列島のドラゴンライン（龍脈）を大きく広げるためのご神事の一つでした。

このご神事の後、元々の目的地である洞窟の石碑を再度目指すのですが、Ｙさんのお友達がサポートに加わってくれたこともあり、今度は一度も道に迷わず、あっさりと到着してしまいました。ジャングルのように草木が生い茂る中を分け入ることもありませんでした（笑）。「初めからお友達呼んでよ！」と、突っ込みたくなるところですが（笑）、私たち一行の魂の成長のために起こったことと思えば、それを光次元と共に仕掛けてくれたYさんには感謝しかありませんね！

ドラゴンゲートが開き、松果体が解放された

目的地の洞窟の石碑には、離れた場所からも、大きな龍のエネルギーが存在しているのがわかりました。手前に龍の像、奥に緑の石が祀られています。

緑の石には、先ほど平和の祈りを一緒に行った琉球王国の女神が宿っているのを感じます。手前の龍の像は、黒い色が付着しているようです。古くなって塗装が剝がれてしまったのかもしれませんが、これも、事前に見せられていた、『黒くなってしまった龍神』のビジョンとリンクします。

さらに意識を集中し、チャネルを合わせると、龍のエネルギーがそこに閉じ込められているようです。龍の目を見つめ、どうしたいのか聞くと、解き放たれたがっていたので、プラチナ

ドラゴン（白金龍神）とゴールドドラゴン（金龍神）を呼んで応援を求めました。
すると、その〝場〟に、大きなプラチナ色の光の柱が立ちました。
その瞬間、黒い色から抜け出した透明の白龍が、子供の龍となって再生しました。

「龍が解放された！」

子供の龍は、ピョンッと可愛《かわい》らしく跳びはねたと思ったら、そのまま光の柱を昇っていきました。ドラゴンゲートが開いた瞬間でした。

緑の石に宿っていた『琉球王国の女神』や、『宝玉（龍の玉）を子宮で護っていた人魚』は、この『閉じ込められてしまった龍』のエネルギーを見守るために、ここにいたようです。
ドラゴンゲートが開いたことで、人魚も目覚めて、宝玉が解き放たれました。

松果体は宇宙の叡智と繋がるところ

この宝玉こそ、魂次元（霊性次元）の龍体の松果体でした。

松果体とは、すでに述べましたが脳の中にある小さな器官です。光次元の存在たちからは、宇宙の叡智と繋がるところだと教えられています。

この松果体（宝玉）が覚醒したということは、魂次元（霊性次元）の龍体が目覚めて宇宙叡智と繋がり、地球のアセンションプログラムの遂行に向けて動き出したということになります。

ですから、この後、私の元には、松果体に関する情報が宇宙からどんどん降りてくるようになり、松果体を活性・覚醒するというお役目もさせていただくことになっていきました。

龍神のビジョンとのシンクロ

こうしてドラゴンゲートを開いた後、私は、古宇利島のさまざまなエネルギースポットを訪れ、地中の奥の方から伝わってくる太古のエネルギーを感じていました。しっかりとした、でも静かな、波動の高いエネルギーでした。

その後、遅い昼食をとろうと、お店を探し、導かれるようにたどり着いたのが、丘の上にある茶屋でした。

龍神と人魚に導かれて古宇利島に来たことをカウンターにいたお店の女性と話していると、お店の奥から別の女性が現れました。

「ユタの方？」

一瞬、そう思ったほど、その女性は、眼光が深く鋭く、すべてを見抜いているようなエネルギーを漂わせた方でした。

そして、なんと、私たちの道案内をしてくれたYさんが、さっきまで、ここで昼食をとりに来ていたことを教えてくれました。

Yさんは、今日の我々との出来事の一部始終を、女性に話していたそうです。カウンターで私たちが話していた内容が、Yさんが話した内容とあまりにも似ているので、奥から出てきてくれたのだそうです。

女性は、私の目をじっと見て語り出しました。

・古宇利島は、神の島であるということ。

・龍を解放した石碑の真下に、子宮の形をした洞窟があるということ。
・石碑の近くに御嶽《うたき》（神を祀る場）があって、そこは当時の皇太子殿下（今上〈徳仁《なるひと》〉天皇）もいらっしゃった場所。
・それは子宮にあたる御嶽。そこでお祈りをするとよい。

ということを教えてくれました。私が沖縄に来る前に龍神に見せられたビジョンと完全にシンクロしています。

ムーのエネルギーとポセイドン

私たちは女性にお礼を言って、店を出ると、教えられた場所に向かい、お祈りをさせていただきました。

そのときです！　再び、人魚が現れ、海の向こうから大きなエネルギーが迫ってきました。

「ムーのエネルギー!?」

そう口をついて言葉が出たのですが、言いながら私自身は驚いていました。ムーとは、かつて海底に沈んだと言い伝えのあるムー大陸のことです。ムーのエネルギーを感じたのはこのときが初めてでした。それなのに、迫ってきたエネルギーは、ムーのエネルギーであることがはっきりわかったのです。

そして、ムーのエネルギーとともに現れたのは、

「ポセイドン!?」

再びビックリです。ギリシャ神話に出てくるポセイドンが現れました。ポセイドンに会ったのももちろん初めて。面食らいながらも、そのポセイドンから手渡されたのは、左手に長い銛《もり》のような三叉の矛《ほこ》と、右手にはポセイドンのエネルギー、そして頭には冠のようなものが贈られていました。

その冠が独特のもので、とても印象的でした。実は、一つではなく、いくつかの冠が重なっているようだったのですが、いずれも、これまでに見たことがない形でした。でも、この後すぐに、その一つがわかりました。首里城を観光した私は、琉球王国で王族だったときの自分の過去世を思い出したのです。重なっていた冠の一つは、その王族のときのものでした。

ムーの再生は日本の再生

ムー大陸については、私にはあまり知識がありませんでした。それでも、なぜか、迫ってきたエネルギーがムーのものだとわかりました。その時代にも生きていたことがあったのでしょう。

古宇利島の他のエネルギースポットでも、太古のエネルギーを感じていましたが、それもムーのエネルギーだったようです。

古宇利島で、魂次元（霊性次元）の龍体の松果体であるドラゴンゲートを開き、ドラゴンラインが繫がったことで、海底に眠っていたムー大陸のエネルギーが再生され浮上してきたようです。

では、ムーエネルギーはなぜ再生したのでしょうか。

一つには、**日本人の中に眠る、ムーの遺伝子を起こす**ためです。ムーの遺伝子が目覚め、新しい次元への統合が進み、私たちがハイブリッド化されるために、ムーエネルギーが再生されました。

もう一つは、一言で言えばリベンジです。**かつて海底に沈んだ伝説の大陸のエネルギーが目覚め、日本を再生させることで世界を再生させようとしている**のです。

再生させるとは、次元上昇させるということに繋がります。太古の時代に成し得なかったことを、今、リベンジしようとしているのです。

GATE2　浄化〜沖縄と台湾を繋ぐムー神域の島々

鳳凰が呼んだ宮古島

古宇利島を訪れた後、波照間島にも呼ばれていました。しかし、波照間島への旅の計画を立てようとすると、大きな鳳凰が宮古島上空に向かうビジョンを見せられました。鳳凰は宮古島をすっぽりと覆うようにして位置しました（下の地図参照）。

「先にこちらに来るように」

鳳凰が私に告げました。ムーやポセイドンも呼んでいるように感じていました。

そこで計画を変更して、宮古島に先に向かうことにしました。いつもどおり、宮古島へ向かう機上では、事前のメッセージが届きました。

それは、『次の次元に上昇するため、その基盤となる肉体次元と魂次元（霊性次元）の通り道をつくること』というメッセージでした。また、関連して、宮古島の周囲に存在する諸島に関するメッセージもありました。池間島《いけまじま》、大神島《おおがみじま》、伊良部島《いらぶじま》、下地島《しもじしま》。

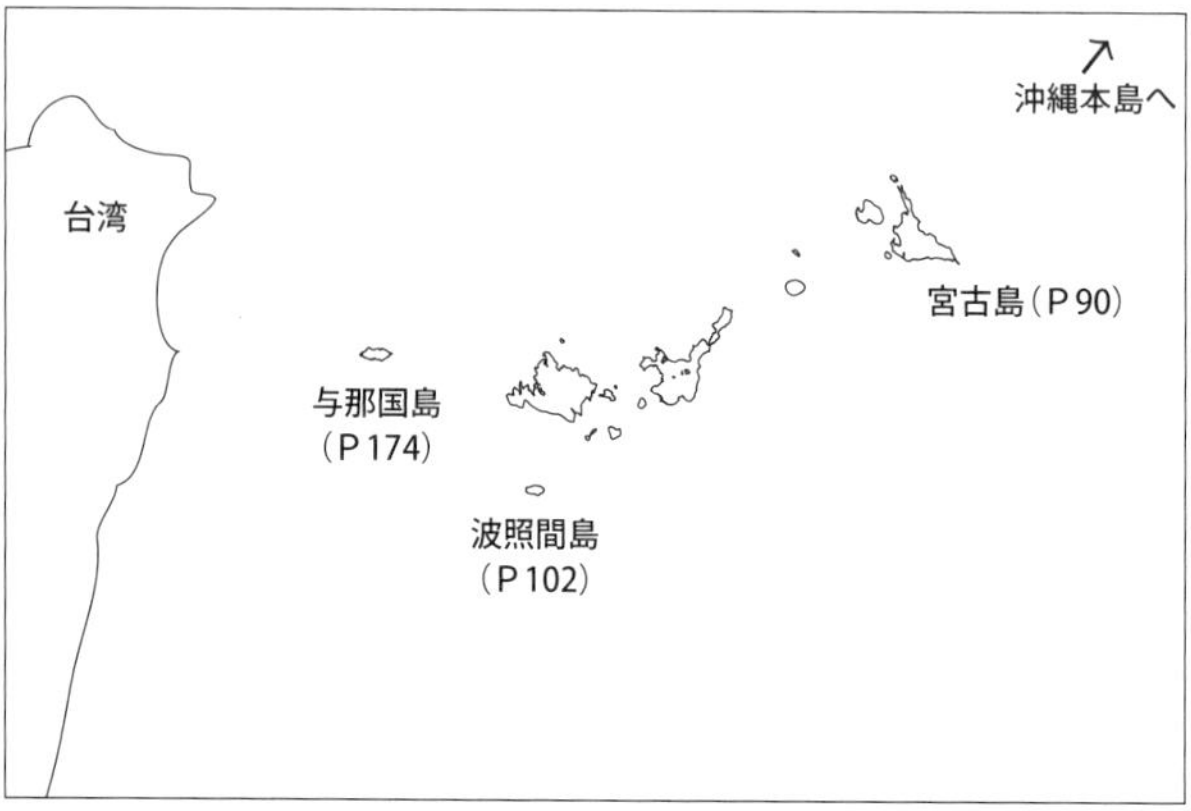

どの地域も、非常に宇宙との繋がりが強いのを感じました。自然が多く残っている分、太古にやってきた宇宙人との繋がりがまだ強く残っているようです。だから、ムーやポセイドンも呼んでいるのでしょう。

各地を回らせていただきましたが、中でも特に大きな意味が示された3つの場所について詳しくご紹介したいと思います。

宮古島でも霊性の松果体開き

一つ目は、宮古島地域の龍体の松果体と子宮にあたる場所です。宮古島から大きな橋が続く伊良部島の西側に並ぶようにして位置する下地島に、その場所は存在しています。地元の方は、下地島のことも伊良部と呼んでいました。両島で伊良部地域として認識されているようなので、あとで調べてみると、2005年までは、伊良部島と下地島で、伊良部町だったそうです。

まず、龍の松果体に当たる場を訪れました。2つの池が合わせ鏡のように隣り合わせに位置しています。それぞれ龍の右目と左目を表しています。意識をエネルギーレベルで合わせていくと、それぞれ、『清い心で向かわないと跳ね返る反射の目』。『自分の内側に向かうための吸収の目』の意味があるようです。そしてその間にある第三の目と松果体にも意識を合わせていきました。エネルギーがうまく流れていないところがあったため、浄化の祈りを行うと、龍神が何かを守っているのを感じました。

『龍のエリア、龍の子供』そんなふうに伝わってきます。ここも宮古島の龍体の松果体であり、ドラゴンゲート（龍穴）でもありますが、ここ以外にも大事な場があるようです。

神の意志は真摯に受け止める

その先に歩を進めようと歩き出すと、足元に続いていた橋げたが途中で終わっていました。これ以上先へ進むには、鋭くゴツゴツしている風化したサンゴの岩の上を進まなければいけません。岩の突起は、触れて擦れると肌が切れてしまいそうなくらい、鋭さを持っていました。

話を聞くと、これから向かおうとしている鍋底池というところまで、橋げたを三度も繋げたにもかかわらず、三回ともすぐに台風で駄目になってしまうのだそうです。それ以来もう橋げたは改修されなくなりました。『必要がない限りは、訪れぬべし』というような神の意志を感じます。

このような**神の意志を感じられるようなところには、軽い気持ちで立ち入らないことをお勧めします。それほど守護された神聖な場所**です。『**必要がない限りは、訪れぬべし**』という**神の意志を真摯に受け止めることが大切**です。

霊性の松果体と子宮に立った光の柱

私たちは、ガイドのCさんに案内され、一歩一歩慎重に歩をすすめ、ようやく鍋底池の上までやってきました。下を覗き込むことができないほど深い谷底になっています。私たちは一層、慎重に一歩一歩降りていきました。ロッククライミングのように手の置き所、足の掛けどころをCさんに教えてもらい確認しながら降りていきます。途中さまざまな神々と遭遇しました。そのたび、守護の力や神聖さを感じながら挨拶をして、目的地に向かいます。

ようやく鍋底池まで降りてきました。きれいな水が張っています。池の中へ入り、向こう側まで渡ると、たくさんの龍のエネルギーを奥底に感じました。意識を集中させていくと奥の穴に龍たちの胎動を感じました。カラフルなビジョンも見えてきました。龍たちが持つそれぞれの色なのでしょう。生まれいづる前の龍の魂が、待機しているようでした。

そう、ここが、子宮に当たる場所でした。龍たちは、早く生まれたがっているようにも感じました。

『伊良部・下地島の鳳凰と龍たちが対になるようエネルギーを繋げるように』と、事前にメッセージを伝えられていた私は、意識を集中させて鳳凰を呼びました。エネルギーを抑えていた何か蓋《ふた》のようなものが浄化されていき、しばらくして上空を見上げると鳳凰が現れ、龍と繋がって、光の柱が立っていきました。子宮の龍たちも喜んでいるようです。いつでも生まれることができるという、龍たちの自由なエネルギーを感じます。

エネルギー的にも、子宮と松果体が一つに繋がった（統合された）のを感じました。

こうして、宮古島の松果体と子宮のドラゴンゲート（龍穴）が開きました。

潮吹き岩での二極化現象

二つ目にご紹介するのは、潮吹き岩と呼ばれるところです。

ここも以前はドラゴンゲートでした。その名のとおり、潮が高く吹き上げるスポットだったそうですが、塩害があるということから、人工的に埋め立てられていました。そのため、ゲートが塞がってしまっていました。

そばに近づくと、コンクリートの下に、かすかに、龍のエネルギーを感じます。ここでも意識を集中させて浄化の祈りを行いました。鳳凰がやってきて光の柱が立てられると、ゲートが浄化され、龍のエネルギーがその柱を昇っていきました。

龍は、コンクリートの下でヘドロまみれでしたが、ヘドロをコンクリートの下に落とし、浄化されたその体は、虹色の龍となって上昇していきました。

その一週間後のことです。案内してくださったCさんから横浜に戻っていた私に、驚きの連絡がありました。潮吹き岩が、埋め立てられて以来、初めて潮が吹いたというのです！ もちろん、コンクリートで埋め立てられたままです。しかし、海岸から高潮が立ち上がって、それが潮が吹いたようになっていたのです。不思議なことに、潮位はいつもと同じだったといいます。

これは、魂次元（霊性次元）のレベルで起きたこと（光の柱が立ち、浄化され、ドラゴンゲートが開き、龍のエネルギーが昇ったこと）が、肉体次元でも具現化した（コンクリートが埋まったままにもかかわらず、潮が吹いた）ということです。

次元上昇のステップの過程では、このような具現化現象は珍しくありません。このことは、次元の低いエネルギー（ここでは、コンクリートで埋め立てるようなネガティブなエネルギー）にとどまるものと、次元の高いエネルギーに浮上しようとするものとの**二極化が進んでい**

上から見た鍋底池（底が見えない）

鍋底池の底で生まれる前の龍たちの胎動を感じる

埋め立てられた潮吹き岩

ることを表していました。二極化が進んでいるということは、私たちが、今の宇宙エネルギーの波に乗って上昇することがいかに大切かということも表しています。

宇宙神界域との繋がり

三つ目にご紹介するのは宮古諸島の一つ、大神島です。機上のビジョンでは、大神島から大きな光の柱が立って、宇宙神界域へのエレベーターのようになっていた様子が見せられました。宇宙と地球とを繋げるゲートで、ここから池間島を守護する存在も、やってきたようです。

この大神島を訪れたときにも、神の意志が強く働いているのを感じさせられました。フェリーで島に向かうと、ピラミッドのような島の形が見えてきました。島の上空に宇宙母船が停泊しているのが感じられ、島には愛の意識（サナンダクマラの愛の意識でした。サナンダクマラについては、「第2章　GATE3　伊勢　自分の中に光の柱を立てる／私たちがパワースポットそのものに」P120に詳しく書かせていただきました）が感じられました。窓の外では雨が降り出していました。

大神島に着くと、その雨も止み、一匹の犬が私たちを出迎えてくれました。その犬の歓迎を受けて、曇り空の中、私たちは、島の中央に位置する遠見台へ歩き始めました。なだらかな道を少し登ったところで背後に気配を感じて足を止めました。振り返ると、柔らかな陽射しが現れていました！　太陽も歓迎してくれています！　気がつけば、また、〝ちょうど良いお天気〟となっていました。

遠見台への道は、途中から階段になっていて、そこから頂上までは、少しだけ急になります。それを上りきると、観光客らしき方々が丁度、階段を下りていかれました。頂上には誰もいません。まるで設定されたように、ご神示の場が整っていました！　空を見渡すと、再び曇っていましたが、その雲の奥から光次元のエネルギーが届き、祈りを捧げる向きを教えられました。告げられるままに、その方向に向かって祈り始めると、光が現れるのを感じました。閉じていた目をそっと開けると、水平線まで光が降りてきていました。それは宇宙神界域から届いた光で、サナンダクマラの愛の意識と統合して、世界へ繋げていくための光でした。宮古島の子宮や松果体のドラゴンゲートが開いたので、この〝場〟の世界へと発信する準備が整ったということのようです。祈りの間中、その光は密度を増して、この〝場〟を包み込んでいきました。この祈りの間中、私たち以外には、誰も上がって来ることは、ありませんでした。

神の意図が働いていたことに感謝して、祈りを終え、遠見台を後にしようとすると、今度は、天候が突然変わって、雨がポツポツと降ってきました。急いで階段を下りようとしたら、ちょうど上がってきた観光客の方々と入れ違いになりました。その直後のことです！　非常に強い雨と暴風で、傘もさせないほどの大嵐になってしまいました！　祈りの後の大浄化でした。

あとでわかったことですが、この日は、宮古島地方で四年ぶりの部分日食の日でした。私たちが、遠見台へ歩き始めて振り返ったときに柔らかな陽差しが見えた丁度その頃から、祈りを捧げて宇宙神界域から光が届いた頃までが、まさに部分日食が起こっていた時間帯だったのです！　なんというご加護でしょうか！　すべてに宇宙神界域の采配が働いていたようです。

男性性エネルギーの影響

他にも、次元が交錯して、写真を撮ろうとしても、シャッターが押せなかったり、渦巻き状のエネルギー帯が写ったりする場にも訪れました。世界のすべてを凝縮したエネルギーを持つと言われる大岩やエネルギーがなかなか良くならず浄化を繰り返していたという龍の谷、宇宙からの存在が守護する池間島など、さまざまなドラゴンゲートで、浄化や鳳凰と繋げるご神事をさせていただきました。

この旅の中で、ガイドのCさんとさまざまな話をさせていただきました。それは一言で言えば、この土地が変わってしまう危機にあるという話でした。今回伊良部島や下地島へは、車で行くことができましたが、宮古島から伊良部島に続く大橋は、旅の一年くらい前にできたばかりということでした。塩害があるということで埋め立てられた潮吹き岩も、宮古島の軍事利用や観光開発などによる懸念が押し迫っているということと無関係とは思えません。2019年3月からは、下地島に国際空港が開業しました。今、宮古島諸島は、大きな開発事業の真っ只中にあります。

このことには、これまでの世界の男性性エネルギーへの傾きが影響しています。しかし、同時に、それが、世界に大切なメッセージを発信するきっかけにもなり得ます。

宮古島、日本、地球に必要な女性性のエネルギー

今回ご紹介した鍋底池は、女性性のエネルギーを有していました。宮古島地域の子宮にあたる場所、それが鍋底池です。そしてすぐ近くに松果体に当たる場所が位置していました。沖縄本島の古宇利島に、子宮と松果体にあたる場が寄り添うように存在していたのと一致しています。ミルク浜（通称、彌勒《みろく》浜）と呼ばれる美しい浜も、豊かな女性性のエネルギーを有していま

した。

今回のご神事では、私はあくまで、次の次元への扉であるドラゴンゲートを開き、ドラゴンラインを繋ぐお役目でした。大切なのはここからです。**宇宙統合時代に入り、『振動数が高まろうとしているとき、今の世界に留まろうとする低い振動数のエネルギーが働こうとします。そのときそれまでの世界が一旦壊れます。エネルギー同士で引っ張りあって均衡が崩れてしまうからです。』**（拙著『ドラゴンライダー』／ヒカルランド刊より）

女性性の愛のエネルギーが強くなっている今このとき、いかにしてこの島を守っていけるのか。それは私たち一人一人の女性性や魂の成長にかかっています。もちろん、現地で具体的に関わる方々の力は絶対的に必要です。それ以外の方たちには、その後押しができます。

私たちの女性性のエネルギーが醸成していくことで、下地島の鍋底池の子宮のエネルギーや、彌勒浜の高い純粋性、宇宙神界域のサナンダクマラの愛のエネルギーなどとも繋がり、この土地に**大きな愛の力が働く**のです。

これは、宮古島諸島に限らず、日本全体、地球全体にも言えることです。私たちに、今、できることを実践していきましょう。

波照間島のムーのエネルギー

宮古島でのご神事が終わり、数ヶ月後、2016年9月に波照間島にも訪れました（P90地図参照）。

波照間島は、聖地と呼ばれるところや言い伝えが島中に存在している島です。

波照間島を訪れる前には、こんなメッセージを受け取っていました。

「この土地に、まだ深く深く留まる『ムー』の大きなエネルギーを受け取りに行く。

古《いにしえ》の巨石群たち。そこから溢れるエネルギーが、この島にはとどまっている。

この大いなるエネルギーを受け取り、必要なところへ繋げる。

このエネルギーに後押しをされ、未来を視る。

次元を上昇させるために、ムーの力を借りに行く」

どんなご神事になるのかを尋ねると、

「自分の中のエネルギーを、海の底の巨石たち、ムーの祈りたちと同調させていくのです。

そなたらのエネルギーをすべて、地球にゆだねて、中のエネルギーを浄化した所で
一気にムーの祈りのエネルギーを体の中に入れていく。統合していく。

そなたのハートや体、エネルギー全体に、ムーのエネルギーをまとっていく。

そなたらのエネルギーが強まる。それが次元上昇に向かうエネルギーとなる。

これを必要とするものに伝え、分けていくのです。

そのためにムーからエネルギーが届けられる」


受け取ったメッセージのとおり、波照間島は島そのものがムーのエネルギーに包まれていました。次元の入り口がたくさんあって、今もその入り口はいくつも繋がっていました。

次元が交錯する波照間島

一緒に行った母（ミロクエンジェル）が宿に着いて早速不思議な体験をしました。

自分の部屋で、荷物を整理していると、壁の向こうからリュックを背負った女性がやってくるのが見えたそうです。こちらに気付かず、一生懸命前を向いて歩いています。そしてそのま

ま部屋を通り過ぎて、閉まっている窓を通り抜けてまっすぐに歩いて出て行ってしまいました！　その様子は、とても急いでいるような、焦っているような、そんな感じだったといいます。

この時、ミロクさんと一緒にいた妹は、その様子を横で聞いていて、とても興奮し、

「今、体験したことを、宿のオーナーに話してみよう」

と目をクリクリさせながら言ったのですが、ミロクさんは、

「話す機会があったら、そのときに話してみよう」

と言うので、その日は、結局、話をしないままになっていました。

すると翌日の朝食の時間のことでした。宿のご主人が、自分が体験したという不思議な話をしてくれました。

「この辺りは別の世界に繋がっている入り口がありましてね。入ったらなかなか抜けられないんですよ。僕も若い頃に経験しました。いつもよく歩いているところなのに、気がつくと、同じところをぐるぐる回っていたんですよ。あーしまった。これは入っちゃったなーと思ってね。仕方ないからそこで一晩過ごしたんですよ。朝になったらようやく抜けられてね。そういう話がこの島にはたくさんある」

私たち皆興奮して、目をクリクリさせながら、目配せをしたのは、言うまでもありません。きっとミロクさんが見た女性も、なかなか抜けられなくて焦りを感じながら一生懸命歩いていたのでしょう。次元が違う所を歩いているから、現実の世界にいるミロクさんのことも見えなかったのでしょう。

波照間島には、龍のスポットもたくさん存在していました。その中でも多くの岩がゴロゴロ転がる平原があって、そこは、ムー大陸がそのまま、そこに残っているかのような、太古の世界から抜け出てきたような、そんな不思議なエネルギーに満ちた場所でした。

波照間島の持つ、強い浄化のエネルギー

夜になって、星空観測に出かけました。ちょうど月も雲もない晩で、最高に星空観測の条件が整っている日だと、地元の方が教えてくれました。

観測のできる建物に着き、明かりが消えると、満天の星が、隙間がないほどひしめいていました。流れ星もいくつも流れています。体全身が浄化され、癒されるようなエネルギーを受け取っていました。

その後、ご神事を行おうと浜に出ました。真っ暗な中、波の音が心地よく聴こえてきます。皆で浜辺に座り、瞑想を始めました。

すると、まもなく、みんなの首の付け根のところからシュルシュルと白い煙が立ち上がるように不要なものが浄化されていくのが見えました。その浄化の様子を見ながら、波照間という島が持つ非常に強い浄化の力を感じていました。

これが事前のメッセージでも伝えられていた、ムーのエネルギーを受け取るために必要な浄化なのだと理解しました。

確かに、浄化された後は、ムーのエネルギーが、一層深く、体の中に入っていくようでした。ムーのエネルギーを感じながら、ポセイドンがやってきているのも感じました。古宇利島で、ムーと共にポセイドンがやってきたのと同じでした。

ポセイドンから浄化に関するメッセージ

ポセイドンからこんなメッセージが届きました。

「海の底からの我らのエネルギーの突き上げ（押し上げ）を感じ、それによりタガを外されよ。引っかかっているタガを外し、解放を促すのです。

そなたらの中に船の碇《いかり》のように地球と繋がるための重しが在る。
それはそなたらが地球と繋がり、この世界で行きていくための必要な重しでもある。
しかしそれが重すぎる場合、この重しを軽くしたり、引き上げたり、といった調整が必要となる。
今そなたらが必要とするだけの船の碇に調整するのです」

「タガを外す」というのは、羽目を外す、などの意味でも用いられますが、ここではポジティブな意味で伝えてきていました。**『こうでなければならない』という思考や凝り固まったものの捉え方を解き放つ**ことを示唆《しさ》していました。自分が**執着しているものに気付き手放す**ということも意味しているようです。

『船の碇・重し』は、グラウンディングのことを言っているようです。**グラウンディングは、地に足をつけることや、今ここ、この瞬間の現実の世界をしっかりと生きることなどを意味し**

ますが、グラウンディングが強すぎたり、グラウンディングの先が新しい地球ではなく、旧《ふる》い地球だったりすると、凝り固まった捉え方、考え方、思い込みや執着しているものを解放することが難しくなります。

浄化のためには、必要以上に『船の碇・重し』が重くなっていないか、確認することを呼びかけられたのです。

また、もっと肩の力を抜くようにとも呼びかけていました。肩に力が入っていると手放すことや解放することは、難しくなります。肩の力を抜いて、軽やかな心になると、大抵のことが、簡単に手放せてしまいますし、光次元の存在たちや新生地球とも繋がりやすくなります。

ポセイドンと素戔嗚《スサノオノ》尊《ミコト》は同一のエネルギー

そして、このとき、ポセイドン以外にも、感じていた存在がありました。

まず一人目は素戔嗚尊です。素戔嗚尊は、別の存在というよりも、ポセイドンと同一のエネルギーを持っているということを感じていました。

つまり、ギリシャ神話ではポセイドンとして顕現《けんげん》し、日本の神話では素戔嗚尊として顕現したけれども、その源は同じエネルギー存在、または非常に近いエネルギー存在なのだと思います。

どちらも海を司り、私たちや地球の浄化を促してくれています。

トリトン現る

そして、もう一人の存在、それは、トリトンです。トリトンはポセイドンの息子で、人魚のような姿をしているといわれる、ギリシャ神話に登場する神です。

とても不思議なのですが、私は、トリトンについての知識がもともとないにもかかわらず、ポセイドンやムーのときと同じように、そのエネルギーを感じたときに、「トリトンだ！」と気づきました。

このトリトンのエネルギーをチャネリングしていくと、ポセイドンが『底から支えるように我々を押し上げてサポートしていくエネルギー』だとしたら、トリトンは『道しるべとなり、我々を引っ張っていくエネルギー』でした。

トリトンから次のようなメッセージが届きました。

「新しい時代を創る。

ポセイドンのエネルギーや、ムーの時代を土台にして、新たに積み重ねていく。

新しい次元の創成を導く。


あなたたちは完全なる存在です。

恐れないことです。**完璧でない自分に対して恐れないこと**です。

完璧であるものなど、この地上に存在しないといっても過言ではない。

(私たちは、元々完璧な魂ですが、この地球に制限を持って降りてきたことにより、それを忘れています。トリトンは、その前提で、このように教えてくれています)

私も含めてといったら、あなたたちは不安に思うだろうか。

でも我らは若い魂です。(※)

今この地上で、子供の魂も、青年の魂も、人生の終盤にきている魂も、皆若い魂です。

宇宙の創造神や私の父のポセイドンやサナトクマラに比べたら若い魂たちです」

※若いと言っても、トリトンは、私たちの感覚から言ったらやはり経験を積んだ魂です。仮に人間の姿で

現れるならば30代位だと思いますが、魂は、ぐっと落ち着いています。

トリトンからのエール・等身大を再生して芸術を花開かせる

トリトンからのメッセージは続きます。

「若いあなたたちには、未来がある。その未来をどんなふうにするか、選択することができる。

自分から目を背けないことです。

自分から目を背けることほど、あなたが目指す道に遠回りなことはありません。

そこにはあなたが知らないあなた。

あなたがずっと以前からわかっているあなた。

さまざまあるでしょう。

そのどれもが、あなたというその体、その土台をとおして、表現しようとする芸術の一つであります。

あなた方はあなたという存在を芸術として花開かせるためにここに存在しています。

私は芸術が大好きです。

そこに正解はなく、人々は感動し、心震わせ、そして生きる気力を与えてくれる。

そういったエネルギーがある。

私が芸術をも支える（※）のは、それが所以《ゆえん》です。


あなた方は誰しもが芸術家です。

どんな芸術を花開かせるのか。

そのためにも**あなたがあなたの等身大に戻り、等身大を再生する、等身大を知るということが大切**です。

等身大でないとその先は限られている。

等身大であるとその先は可能性を秘めている。その違いがあります」

※トリトンが芸術を支えているというので、気になって調べてみました。トリトンがラッパを吹くことで、波を立てたり静めたりする力を持つということから、さまざまな芸術ホールや芸術活動の団体名になっているようです。

トリトンからのエール・新しいムーを再生させる

「皆それぞれ自分の役割を果たすために等身大に戻る。

その作業を丁寧に行ってください。

そして**あなたの光の柱を大きくしてほしい**のです。


私は皆さんのそばにいて勇気を与える役割のものです。


かつて、ムーの時代にも、次世代のムーをつくろうと、ある者たちが立ち上がったが、途中になった。

あなた方はそれをやり遂げることを希求している。その想いを持つ方々です。

どうか、その想いに誠実になって、**まずあなた自身を再生させて、そして新しいムーを再生させてください**」

自分を知ることの大変さと大切さ・アミの言葉

トリトンが繰り返し言っていることの一つに、『自分から目を背けない、等身大に戻る』というものがあります。これらは、同じことを指していて、「自分を知る」ということです。

小説『アミ小さな宇宙人』（徳間書店）の2巻の中で、主人公の少年ペドロが、地球より愛の度数の進歩した星から来た善良な宇宙人アミに、自分の欠点を指摘されたシーンがあります。ペドロは、自分が心ない誹謗中傷《ひぼうちゅうしょう》によって攻撃されたような気持ちになり、怒りさえ持ち始めます。しかし、アミは、そのような反応があることを想定した上で、彼に気づかせるために敢えて指摘していたのでした。

アミは言います。

「これは僕の仕事の最も辛い側面なんだ。誰だって自分でも気がつかなかった欠点を指摘されるのは、いい気持ちがしない。でも、誰かがそれをしなかったら、本人は決してそれに気づかないし、まして克服することなどできやしない。でも、それを指摘するには、ちゃんとした言い方をわきまえていないといけないし、少しずつやっていかないとね……」『もどってきたア

ミ』（徳間書店）より

このアミの言葉に対して、ペドロの怒りはますます膨らみ、ついには、とても信頼し親愛の情を抱いていたアミに対して、ひどい言葉で罵《ののし》ってしまいました。

このエピソードは、**本当の自分を知ることが、いかに大変か**ということを物語っています。

しかし、**本当の自分を知り、克服することで自分を成長させていくことができれば、私たちは、またひとつ、制限を外して、大きく次元を上昇することができる**のです。

今帰仁《なきじん》村と久高島《くだかじま》

さて、ここでまた旅の話に戻りましょう。再び沖縄の地を訪れたのは、2017年3月のことです。

この年の初めに次元の扉が開き、宇宙エネルギーの地上に届く量がぐんと増えると、リラやシリウスなど、多くの宇宙次元の存在たちからのコンタクトもますます増えていきました。

今度は、沖縄の今帰仁《なきじん》村と久高島《くだかじま》へ行くように伝えられました。今帰仁村で宇宙エネルギーを受け取り、久高島を浄化するということでした。

事前のメッセージではこのように伝えられていました。

「今帰仁にて今の琉球のエネルギーを感じ、そこに宇宙の光を降ろし、
そこから、その光で琉球を包み、
眠れる久高のエネルギーを呼び起こし（久高島に）光の柱を立てよ。
地球がこれから次元高く進むために久高島に立つ光の柱が、その先導のひとつとなる。
もう一度、久高の光を高めよ」

次元の扉から宇宙の光を降ろす

今帰仁村は、古宇利島の西側にある半島にある村で、日本列島を龍体としたときの霊性の龍神の角の部分にあたります。琉球王国の城跡があることでも知られています（P29地図参照）。

次元の扉が開いたことで、この地域の宇宙との繋がりを一層深めていくタイミングとなっていて、そのために光を降ろすことが必要だったのでしょう。

実際にその地域に入ったとき、元々宇宙と繋がりやすい場所であることを感じました。然るべきタイミングをずっと待っていたようでした。

今帰仁村で、城跡を訪れ、宇宙の光を降ろすスポットを探しました。あるところが非常にエネルギーが高くなっていて、そこに違いないと宇宙と繋がる準備を始めました。するとキラキラと虹色に輝く光が現れました。精霊が生まれてきそうな透明感のある光が、その場を満たしていきました。

事前に伝えられていたメッセージに従い、その光で琉球を包み込むと、地上が下から持ち上げられたように浮かんだ感触がありました。さぁ、今度は、久高島へ向かいます！

久高島の再生

久高島は、沖縄本島の南部、東側にある小さな島で、神の島とも呼ばれています（P29地図参照）。その理由は、この島にアマミキヨという女神が降り立ち、琉球を作ったという言い伝えが残されているからです。このアマミキヨというのが、私が古宇利島を訪れた際に、海に向かって両手を広げ、祈りを捧げていた女神です（P80参照）。非常に波動の高い霊的なスポットであったこの島でしたが、どうやら、エネルギーが落ちてしまっていて、それを再生させる必要があったようです。

ここでも天気による『仕掛け』がありました。島に着くとすごい土砂降りで、島を回るのに自転車を借りようと思っていたのですが、それを諦め、徒歩で回ることにしました。いつもご神事の際には必要な天気が与えられることがわかっていたので、この土砂降りでも「土砂降りにした理由が、何かあるに違いない。」と思っていました。ご神事をするためには、島をぐるっと回る必要があることを光次元から知らされていました。この土砂降りでは、歩くことさえ大変そうです。それに、歩けばそれなりに時間のかかる場所です。覚悟を決めて歩き出しました。それなのに……。

しばらく歩くと、雨が止みました。止みそうもなかった土砂降りが嘘のようです。でも、すでにある程度歩いていたので、自転車を借りられるところまで引き返すには距離があります。仕方なくそのまま歩みを進めました。

最初の浄化スポットである浜に出ました。海に向かって浄化の祈りを始めると、今帰仁で降りてきた宇宙の光が目の前に現れて、海岸線に沿って横に広がっていきました。この浜全体を浄化しています。滞っていたエネルギーが一掃されていき、本来のこの島の力、この浜の力が、少しずつ蘇ってきているのを感じました。

しばらく時間をかけて浄化を終えると、再び島を一周するべく歩き出しました。次のスポットに行くまでにも、時々気になるところで足を止め、浄化していきながら歩きました。

歩きながら、なぜ土砂降りになったのか、その理由に気がつきました。自転車に乗っていたらここまで丁寧に浄化を行うことはできませんでした。最初の浜でも、自転車があったら海岸の方まで行かなかったかもしれません。くまなく必要な浄化を行うために、土砂降りになり、自転車を諦めさせられたのです。でも、そのままの土砂降りだと、歩くこともままなりませんから、雨は止んでくれたというわけです。

最後のポイントでも浄化が完了し、メッセージで聞かされていたとおり、光の柱が立っていきました。

次の旅へ

この旅を終えてからしばらく、沖縄を訪れませんでした。今後訪問するように伝えられている場所はありますが、次元上昇の準備のための沖縄での私のお役目は、ここで一旦、第一弾が終わったようでした（今は、第二弾が始まっています）。

そして、この後、日本の霊性を高めること、ドラゴンライン（龍脈）を世界と繋げること、そして日本を再生していくこと、そのための旅が始まりました。

GATE3 伊勢　自分の中に光の柱を立てる／私たちがパワースポットそのものに

伝えられたメッセージ

時間を少し巻き戻します。

2016年には、5月下旬に開催された伊勢志摩サミットに間に合うように、伊勢神宮にて、ご神事をさせていただきました。ご神事に出向く前には、次のようなメッセージが届いていました。

『いつも最も重要なものは、見た目の中央に無い。心臓が少し左にずれているように』

『伊勢神宮内宮《ないくう》に光の柱を立てる。

今、大いなる光を溜めている内宮に、剣の力で柱を起こし、剣により、四方八方に光を拡散していく。

日本を守護する龍神たちが、中枢から起き上がる。この蓄えられたエネルギーの最も高い今。

光をサポートしながら、その光に乗る。

我は光の子。我は海の子。我は龍の子。我はサナトクマラ、天上界の子。光の子。鳳凰の子。すべての子。このエネルギーを大きく大きく、羽ばたかせていく。龍神と鳳凰の力を借りて、その光に乗る。

そこからエネルギーが変わる。安心して待っていればいい。

そこから大いなる波に乗る。我は光の子。光の波に乗る。心配は無用』

『熱田神宮《あつたじんぐう》へは、剣のエネルギーを繫ぎにいく。

外宮《げくう》は、今回のために、内宮を忠実な片腕のようにサポートしている。感謝し、内宮へ繫げる。

内宮は、今、エネルギーを開け放つときを待ち、大いなる光が蓄えられている。その光を解き放ちにいく。

それは伊勢志摩サミットに向けて各国の首脳を迎えようと今、静かなる光を燃やしている。

伊雑宮《いざわのみや》は、必要なものをしっかりと護る宮。剣のエネルギーを完成させ、昇華させていく』

熱田神宮にて受け取った青い光の剣

私たち一行は、まず熱田神宮へと向かいました。メッセージでは「剣のエネルギーを繋ぎにいく。」ということでしたが、どこで、どのようにすればよいのか、全くわかりません。およそ10年前に、私自身が覚醒期間を過ごしていた頃、光の剣はもらっているのですが、（拙著ヒカルランド刊／『超直感力の目覚め　流　光次元リーディング』を参照ください。）今回のお役目に必要なのは、その剣のエネルギーだけではないように感じていました。

ご存じのとおり、熱田神宮は、草薙剣《くさなぎのつるぎ》が御神体であることで知られていて、実際に明治の時代まで草薙剣がおさめられていたといわれる場所（土用殿）もあるため、そこに剣のエネルギーを受け取りに行くのだろうかと想像していました。

本宮を参拝すると、上空に素戔嗚尊が存在しているのを感じました。今回のご神事を守護してくれているのがわかりましたが、素戔嗚尊から剣を託されるでもなく、上空にとどまっているので、剣を受け取るのは、ここではないようです。

本宮を後にして、鳥居をくぐると、別の場所に何かエネルギーを感じ、引っ張られるようにそちらに歩を進めました。看板が出ていて、最近、一般に開放されたお宮があることが記されています。「これより先は最も神聖な場所」と書かれ、写真撮影禁止のその宮は、熱田大神の荒魂が祀られています。

まっすぐに続く道を歩くと、小さなお宮が見えてきました。青い光が見えます。

「ここに違いない」

そう確信するのと同時に、上空に、日本武尊《ヤマトタケルノミコト》が現れました。そして、先ほどから見えていた青い光の中から、青い剣が現れ、日本武尊からその剣を渡されました。

私は、その剣を大切に受け取り、素戔嗚尊と日本武尊に、これを必ず伊勢神宮へ届けることを約束して、そのお宮「一之御前神社《いちのみさきじんじゃ》」を後にしました。

素戔嗚尊《スサノオノミコト》と日本武尊《ヤマトタケルノミコト》が導いてくれたこと

続けて、草薙剣が現在安置されていると噂のある場や土用殿にも向かいましたが、そこには神剣のエネルギーは留まっておらず、

「いつも最も重要なものは、見た目の中央に無い。心臓が少し左にずれているように」というご神事の前に受け取っていたメッセージとのシンクロを感じていました。

また、そのときは、よくわかっていなかったのですが、神話では、草薙剣は、素戔嗚尊がヤマタノオロチを退治したときに手にし、その後日本武尊が持つこととなった神剣として言い伝えられています。素戔嗚尊が見守る中、日本武尊から剣を受け取ったこともまた、シンクロを感じました。

このように、神々はさまざまな仕掛けが好きなようです。天気の仕掛けは、他のご神事のときにも書きましたが、とても多い現象です。この後ご紹介するご神事でも、何度も、天気の仕掛けがありました。神々は波動が軽やかです。波動が軽やかということは、ユーモアも豊富です。ですから、ユーモアいっぱいの仕掛けがあることもあります。これもこの後のご神事で体験しています。数字によるシンクロも多いです。例えば、ゾロ目の時刻や数の意味を使ったものなどです。

ご神事に限らず、**天があなたに何かを伝えたいときや、何かの合図を送りたいときには、さ**

まざまなシンクロニシティー現象が起こります。そのことを見逃さずに、また気のせいだと思わずに、受け取るようにされてください。

伊勢にて――宇宙創造神との出逢い

さあ、青剣のエネルギーを届けに伊勢に向かいます！

電車が目的地に近づくと、鳳凰と龍神がお出迎えをしてくれました。このときは特別気に留めていませんでしたが、彼らが揃って出迎えてくれたのにも、わけがありました。それに気がつくのは、翌日のことになります。

初日は、外宮から参拝し、あるお宮の前で、素晴らしいエネルギーを受け取ることになりました。

多賀宮《たかのみや》です。そばまで歩いて行かずとも、エネルギーの高さを感じます。近づいていくとその正体がはっきりとわかりました。

「宇宙創造神！」

天から降り注ぐ光のエネルギーが、そこだけがまるで宇宙の庭であるかのように満ち満ち、次元が周囲とは明らかに違っていました。突き動かされるように、シャッターを押しました。押すたび押すたび、素晴らしいエネルギーが写ります。

宇宙創造神とは、私たちの『魂の源』、『根源』、『すべての始まり』です。

ひとしきり撮り終えると、改めて、宇宙創造神と向き合い対話をさせていただきました。どこか、先ほどの素戔嗚尊のエネルギーにも似ています。それは、今、宇宙と地球を繋ぐポータル（入口）が、シリウスであることが少なからず影響しているようでした。

多賀宮に降りていた宇宙創造神のエネルギー

宇宙の情報は、ここ数年、シリウス経由で入ることが非常に多くなっていました。（今後は変容が見られてくるでしょう。）素戔嗚尊は、元々シリウスからの存在ですが、宇宙創造神のエネルギーもシリウス経由で届いたために、エネルギー的に共通するものが感じられたのです。

宇宙創造神からは、青剣を届けるための守護的な意味を持つエネルギーと、そして、これからの地球や地球人類に必要な創造の源のエネルギーを受け取りました。それは、私たちの魂の根源に働き、再生・浄化・昇華や、松果体やハートの統合・覚醒のためのエネルギーでもありました。

真実を見極めるために

そして、ここでもまた、あのメッセージが響いてきました。

「いつも最も重要なものは、見た目の中央に無い。心臓が少し左にずれているように」

今回のご神事では、青剣を内宮本殿に届けるように言われていました。その意味では、外宮は今回、ノーマーク。まさかこれほどの神と出逢わせていただけるとは思ってもみませんでした。

「大切なもの（こと）を守護するためには、このように少し外れたところに本物が隠されている」

ということを伝えられました。

宇宙統合時代に入った今、これまで、少し外れたところで隠されていたものや情報が、世の中に知らされていくことになっています。中には、**私たち自身が、真実を見極めることが必要**なこともあるでしょう。そのときには、この真理を大切にしたいものです。

日暈の祝福

一夜明けて、青剣と宇宙創造神のエネルギーをたずさえ、内宮に向かうと、大きな大きな日《にち》暈《うん》が出迎えてくれました。

日暈とは、太陽の周りに大きな輪が現れる自然現象です。スピリチュアル的には、ご神事を悦《よろこ》んだり、守護を伝えてくれたりしていることを表します。その日暈が、カメラのフレームに収まりきらないほどの大きさで現れ、悦びを表してくれました。なんと心強いことでしょう！

ご神事の前に受け取ったメッセージを再度振り返り、ご神事に向かいました。

・伊勢神宮内宮に光の柱を立てる。内宮は、今、エネルギーを開け放つときを待ち、大いなる光が蓄えられている。その光を解き放ちにいく。

・剣の力で柱を起こし、剣により四方八方に光を拡散していく。

・日本を守護する龍神たちが、中枢から起き上がる。
・蓄えられたエネルギーの最も高い今、龍神と鳳凰の力を借りて、その光に乗る。

地上から天地に立ち上がった光の柱

日暈の後押しを受け、青剣の奉納のため、まっすぐに内宮に進みました。
まずは、神様にご挨拶して、それからゆっくりと丁寧に、青剣を奉納しました。すると、その瞬間に、ドーンッという大きなエネルギー音（実際に音が聴こえたわけではありません、そのようなエネルギー現象が起こりました）とともに、なんと、お宮から光の柱が立ち上がりました。

これは、非常に意味のあることでした。なぜなら、これまでは、龍神と鳳凰が光の柱を立ててくれていたのが、今回は、地上から、天地に光の柱が上がったのです。これは大きな違いがあります。

地球の次元上昇《アセンション》を導くリーダーは、光次元の存在であるサナトクマラであることは、前述のとおりです。では、そのサナトクマラは、これまでどのようにして地球の次元上昇を導いてきたのかというと、龍神や鳳凰たちと協力して、各地に光の柱を立ててきました。この本でも、古宇利島や宮古島などで龍神や鳳凰たちのサポートのもと光の柱を立ててきたことをすでにご紹介しましたが、そのようにして光の柱を立てることで、パワースポットといわれる所をさらに強固な場としたり、封印されていた場を解放してパワースポットとしてきたりすることで、地球の次元上昇を進めてきたのです。

つまり、光の柱は、龍神や鳳凰たちの力で立ってきたのです。

それが、青剣を奉納した内宮では、お宮から天と地に大きな光の柱が立ったのです。これは、サナトクマラの言う『再生・浄化・昇華』のうちの『昇華

鳳凰と龍神による
光の柱の向き

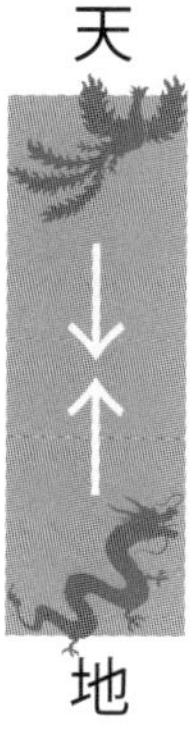

内宮に立った
光の柱の向き

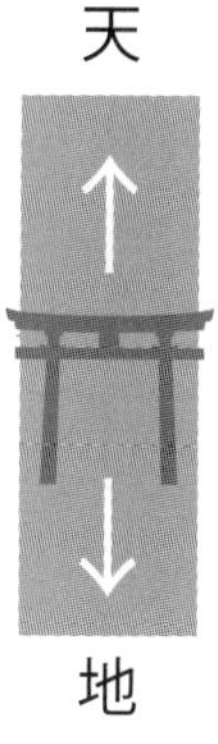

ご神事の間中、何時間も日暈に守護される

日暈に龍神も現れる

鳳凰と龍神もペアで現れる

現象』です。

「あぁ、**本格的な次元上昇に向かって、地球が自らの力で目覚めに向かう時代に入ったのだ**」

ご神事の間中ずっと守護してくれた日暈を見上げると、そこには、龍神が現れ、すぐ脇にも龍神と鳳凰がペアで現れたのを見て、私は、とても感慨深く感じていました。

目覚めのエネルギーを日本から世界各地へ

このご神事を、伊勢志摩サミットに間に合わせたのは、この光を各国首脳にエネルギーレベルで持ち帰ってもらうためだと、このときサナトクマラから伝えられました。

沖縄の古宇利島や宮古島でのご神事で、沖縄が開いたことによって、世界にその光を日本から発信する準備が整えられていたのです。

ご神事から1週間後、各国の首脳が、伊勢神

この鳥居の奥に光の柱が立ち、一週間後、鳥居を背に各国首脳たちが並んだ

宮内宮の本殿前で、真横に並んで記念撮影があり、世界に配信されました。それは、天地に向けて大きく立った光の柱の前でもありました。

沖縄・古宇利島でのご神事の前に受け取った『世界に向けて『これからの人類にメッセージを発信する』『そこから次元上昇が始まる』『沖縄から世界を拓く』というメッセージどおりの出来事がすでに始まっていたのです。

私たちの中に光の柱を立てる

お役目を終えて肩の荷が下りた私は、伊勢神宮の他のお宮を参拝することにしました。もう完全にリラックスモードの観光気分です。車で少し離れたお宮まで足を伸ばしました。

伊雑宮《いざわのみや》のご神域に入ったとき、その奥から『本物』『愛』というエネルギーが入ってきました。歩を進め、お宮が近づくにつれて、ある存在のエネルギーの守護が感じられました。

「ここにはサナンダクマラがいらっしゃる」

サナンダクマラとは、サナトクマラとよく似た名前であることからもわかるように、光次元の存在であり、地球に生を受けたときには、イエス・キリストとして存在された魂です。

参拝をしようとお宮の前に立つと、サナンダクマラだけでなく、サナトクマラのエネルギーもそばに感じました。

二礼して、二拍手を打つ前だったか、後だったか、今ではもう覚えていません。そのとき、再び、ドーンッと大きなエネルギー音が、私の胸に鳴り響きました。

「うわっっっ！」

音だけでなく、内宮本殿で立ったばかりの光の柱が、今度は、私の胸を中心にして、立ち上がったのです！　あまりの驚きに、その場でのけぞってしまいました。内宮で奉納した青剣も、私の背中（正中線）に入っていました。

何が起こったのかと目をパチクリさせていた私に、サナトクマラとサナンダクマラから、メッセージが届けられ、これからは、個人が、それぞれの中に光の柱を立て、次元上昇する時代であることを告げられました。

サナトクマラとサナンダクマラから告げられた光の柱へのメッセージ

「そなたに与えた光は、宮である。

宮の光を与えた。

内宮に、そなたが渡した素戔嗚尊の剣、それは宇宙の尊《みこと》のエネルギーである。

宇宙の尊の剣を、八百万《やおよろず》の神々の集う内宮に届けたことにより、
最後のピースが揃い、宇宙の想い、八百万の神々の想いを、地球に拡散した。

それは標《しるべ》である（道標）。

この標が首脳たちのもとに届き（各国に届き）、
地球のエネルギーを、あまねく宇宙のエネルギーに呼応させていく。（宇宙次元に近づける）

伊雑宮

そのための標である。

ぶれてはならぬ。

そのための標である。


そしてそなたに、宮を与えた。

その宮は、万物のエネルギーの集うところ。そなたがそこにいる。それを忘れぬように。

その宮に頼るがよい。そなたが正しく思う道、それをサポートする。その宮に頼るがよい
（「頼るがよい」というのは「軸とするがよい」といった意味です）。

内宮と同じ柱（光の柱のこと）、その柱の中に、そなたがいることを忘れぬよう。

そなたの中に柱があることを忘れぬよう。


その光の柱を、そなたのみならず、そなたに集うものたちに立てていくのです。多くの宮を立てていくのです。

それぞれの宮が光の柱を立て、その光の中に集うものたちが立ち、そこかしこに柱が立てられる」

アセンションプロセスへの準備が整った／昇華現象

　これまでは、サナトクマラをはじめ、龍神や鳳凰が、地球の次元上昇のために立ててくれていた**光の柱を、これからは、各人一人一人、自らが立て、能動的に次元上昇や目覚めに向かう時代である**ことが告げられました。

　つまり、**私たちの進む次元が一段階上昇した、またはそうなるための節目に来た**ということです。

　また、『再生・浄化・昇華』のうちの昇華の現象を表しています。アセンションプロセスの準備が整ったというふうに言うこともできます。そういえば、ご神事の前に受け取ったメッセージで、「伊雑宮は、必要なものをしっかりと護る宮。剣のエネルギーを完成させ、昇華させていく」そのように伝えられていたのでした。

　私以外にも、ご神事などで、こういった転換点を迎える体験をされた方がいらっしゃったことと思います。

すでにお伝えしたように、このような一大イベントには、多くの方々が関わっています。地球人だけではなく、光次元の宇宙の存在たちも大きなサポートを寄せています。

むしろ、そのような**宇宙規模の大きなイベントが、誰か一人の力で行われるはずがありませんし、それは、これからの愛と統合の時代とかけ離れたこと**でもあります。

多くの方々が関わることで、エネルギーレベルがある程度のところに醸成され、次のイベントが起こるための沸点に達し、こういった現象が起こっていくのです。

光の柱を立てるために大切なこと

このご神事以来、私は、サナトクマラたちとともに、光の柱をお一人お一人の中に立てるためのサポートをさせていただいています。

サナトクマラは、エネルギーレベルで、光の柱を立てることをサポートしてくれます。しかし、それだけではダメなのだと口を酸っぱくして伝えてきています。

なぜでしょうか。それは、**光の柱が一人一人の中から、天と地に向かって立つ必要があるか**らです。**神任せ、神頼みではなく、能動的に、自らが自分の軸というものを確立し、光の柱を**

立てるだけの魂の成長が大切だからです。

人間の次元上昇は、心・体・魂の三位一体です。どれかが突出して整っていても光の柱は立ちません。すべてを整える必要があります。自らが能動的に、心の変容や成長をしていくために、心のケアをして、ご自身のブロックを外したり、トラウマや心の癖を解放したりして、魂を成長させていくことがとても大切です。

ですから、私が光の柱を立てるセッションを行う際は、必ず、心のケアをするためのワークを大事にしています。

また、一口に光の柱といっても段階があります。

光次元の存在のサポートを得た光の柱なのか、
自らが天と地に向かって立てている光の柱なのか。

自らの内側から能動的に
天と地に向かって
光の柱を立てる

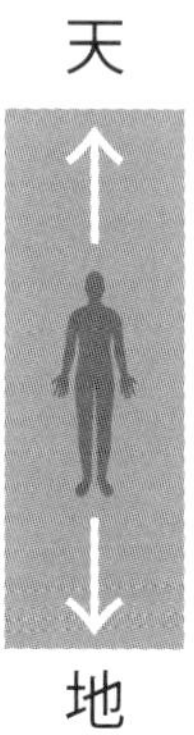

鳳凰と龍神による
光の柱の向き

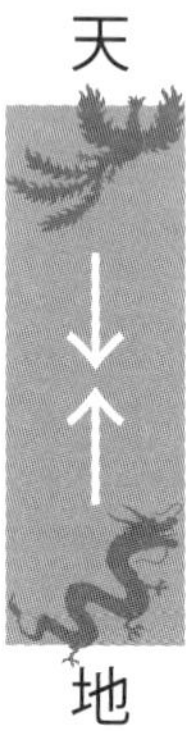

そして、自ら立てた柱であっても、より純粋性や清らかさを増し、神性に近づき、ぶれない柱を、私たちは、魂の成長に合わせて立てていくのです。

魂の成長とともに、**光の柱を進化させていくためには、中庸であることも、大事な要素の一つ**だと、サナトクマラは伝え、セッションでは、光の柱を立てるためのチューニングや心のケアのためのワークとともに、中庸のための波動調整を必ず行うようにと言われています。

あなた自身で行うときには、常に自分のあり方を確認していくことが大切になります。

例えば、自分の軸をぶらさないことです。誰かの波動に巻き込まれるのではなく、自分軸を大事にして、物事に取り組むことも大切です。

伊勢ご神事の後で受け取った天照大神《アマテラスオオカミ》からのメッセージ

伊勢編の最後に、天照大神から届けられたメッセージをご紹介します。

「あまねく照らす。そのために使いをさせました。

光の純粋性が今とても大切です。不純度が大きくなればなるほど、物事は求めた道にスムーズにいかない。

真実を語るということと、等しく大切な意味で『純粋性』それが、とても大切なのです。

多くのものに伝えてください。純粋性、純性を響かせていきなさい、と。

あなたがた一人一人がそれぞれに**純粋性を追求することがこの世界を救う**のです。

善悪を問うのではない。善悪に裁くのではない。純粋性を追求する。まだまだその本来の意味をとらえられないものが多い。それは学びです。一足飛びにはいかぬかもしれぬ。でもその光に気づいてそれを学ぼうとするその姿勢こそ純粋性なのです。

あなたの純粋性を、目覚めさせてください」

とてもとてもとても深い愛が届きました。決して押し付けず、あなたの選択に委《ゆだ》ねる。そういうメッセージです。

日本語に訳すと、こういう、チャネリングによるメッセージは、どうしても、『〇〇しなさい』『〇〇してはならぬ』など、強い言葉になってしまうのですが、実際には、『積極的に勧めている』という意味で受け取っていただければと思います。

例えば、『〇〇しなさい』ではなく『〇〇することを、とても強くお勧めします。それがあなたの魂の声です』、『〇〇してはならぬ』ではなく、『〇〇することを、あなたの魂は求めていませんよ。気づきましょう』というような感じです。これは、天照大神《アマテラスオオカミ》からのメッセージだけでなく、すべての光次元の存在たちからのメッセージに共通することです。


心の平穏を求める人は、彼女の声を聴くといいでしょう。なぜなら、これを発する彼女がとても平穏だからです。

どこに繋がるか、**純粋性を追求する上でその繋がる先も大切**だと、彼女が伝えてきています。

どうぞあなたの**真実の目で見極める**ということを行ってみてください。

GATE4　日本と台湾のドラゴンライン（龍脈）が繋がった

日本から世界へ

沖縄地方や伊勢にて、日本でのアセンションプロセスの準備が整えられた後、私は、しばらく、サナトクマラなど光次元の存在たちから伝えられたこと（日本の霊性を高めるため光の柱を立てることや松果体を開くことなど）を実行させていただいていました。

そして2年ほどたった2018年、今度は、「日本から世界へドラゴンラインを繋げる」旅がスタートしました。

示された3つの文字

「八卦山《はっけさん》」とは、台湾の中部あたりにある山です。

今から10年以上前に、私自身がお役目を果たすために行く「場」を、チャネリングで確認したことがあります。そのうちの一つが「八卦山」。聞いたこともない地名でしたが、はっきりと現れた3つの文字を疑うこともなく検索をすると、それは台湾にありました。

台湾は、ずっと昔に旅をしたことがありましたが、再訪することなど想像もしておらず、また、なぜ台湾なのかもわかりません。しかもお役目を果たすために行く「場」としてチャネリングしたのですから、それは「ご神事」で行かせていただくということを意味しています。なぜ？　という気持ちがありましたが、『タイミングがきたら伺うことになっているのだろう』と、そのときは深追いしませんでした。

2018年夏、話の流れで、台湾を再訪する必要があるとお話ししたところ、この本の出版元であるヒカルランドの石井健資社長から「今度、案内してもらう予定があるので一緒に行きましょう！」とお誘いいただき、その2ヶ月後の訪問が決定しました。

「ついにタイミングがやってきた！」

私は、そう思い、『なぜ台湾なのか』、そして『どんなご神事のために訪れるのか』が、間もなくわかることを直感していました。

見極めるということ

いつも何か大切なことが示されたとき、それが、今すぐのタイミングではない場合がありま す。ですから、いつも**焦らずタイミングを見極めることはとても大切**です。

私の場合は、外国のある地名を示されましたが、言葉も通じず、案内してもらえるツテもないため、ご神事を行えるような状況ではありませんでした。

そういう場合は、『時』を待つ、ということも大事です。そうすることで、ベストなタイミングと状況で、お役目を全うすることができました。

この「見極める」ということは、タイミングのみならず、真実も当てはまります。真実を見極めることは魂の成長に欠かせない大切なことです。

真実を見る目を養わなければ、物事を中庸に捉えることができないからです。

ご神事の意味

台湾行きの飛行機の中で光次元から受け取ったメッセージは、

「八卦山で、日本と台湾で分断されていた龍のエネルギーを一つにするのです。そのために、龍の扉（ドラゴンゲート）を開くのです。

そして一つになったエネルギーを持って日月潭《にちげつたん》へ向かい、鳳凰と統合するのです。

鳳凰は日本を守護する神。日本だけでなく、この地域、ムーの意識の……。

ムーのエネルギーをさらに浮上させ、強めていくのです。鳳凰と龍神が一つになって昇華させるのです。

昇華、松果体。松果体を開くのです。大きなエリアで次の次元へ」

なるほど、松果体の中には、昇華という隠れた意味もあるようです。

そして、現代の日本というだけでなく、古代の日本、ずっと遡ったムーの時代から継承されている、この地域の次元上昇のために、日本と台湾のドラゴンライン（龍脈）を繋ぎ、鳳凰のエネルギーとも統合させるということが、今回のご神事でのお役目のようです。

古宇利島から繰り返されるご神事

台湾までのドラゴンライン（龍脈）を繋ぐためには、台湾でもドラゴンゲート（龍穴）を開く必要があります。メッセージに出てきた『龍の扉』が、まさにドラゴンゲート。

八卦山にあるドラゴンゲートを開くことで、日本列島と分断されていた龍のエネルギーを繋ぎ、さらに、それを日月潭と呼ばれる湖で鳳凰と統合させるというお役目でした。

沖縄の古宇利島は、龍が封印されていた場でもあり、人魚が宝玉を護っていた子宮でもあり、また魂次元（霊性次元）の龍体の松果体にあたるのに対し、台湾でのそれが「八卦山」と「日月潭」でした。両方とも、台湾の中でもとても近い場所にあるということも偶然の一致とは思えませんでした。宮古島でも松果体と子宮がそばにありました。

また、古宇利島でのゲート開きの際に現れたのが、ムーのエネルギーです。その後、波照間島でもムー大陸のエネルギー浮上のご神事もさせていただいていました。ですから、「ムーのエネルギーをさらに浮上させ、強めていくのです」と伝えられたことで、「台湾でもそうなのか！」と驚くばかりでした。

そして、続く「鳳凰と龍神が一つになって昇華させるのです。昇華、松果体。松果体を開くのです。大きなエリアで次の次元へ」というメッセージ。

鳳凰と龍神は、琉球王国の王族の象徴でもあり、その統合は琉球王国＝沖縄の覚醒を意味しています。

私は古宇利島でのご神事の後、自分が琉球王国の王族で皇太子のような立場にあった過去世を思い出していました。また、古宇利島でのご神事とは、まさに、霊性日本の松果体を開くためのものでした。

「大きなエリア」とは、龍神ＮＩＰＰ〇Ｎ列島がさらに広がり、台湾までエリアを伸ばして大きく次元上昇するためのご神事であることを表しています。同じお役目を台湾でもまた行うのだと、鳥肌が立ちました。

Open your heart!～ハートを開いて～

飛行機の中では、もう一つ大切なメッセージを受け取っていました。それは旅の参加者すべてに対して、また、新しい時代を迎えようとしている人類に対しての共通のメッセージとして、最後に届きました。

「Open your heart!」

その瞬間、私は15年以上前にタイムスリップしました。オーストラリア・メルボルンの空港で、帰国する私に対して、友人が私の目をまっすぐに見て言います。

「Open your heart!」

それは、「祖母から贈られて大切にしている言葉をあなたにも贈るよ。」と言って贈ってくれた言葉でした。そのときの光景がありありと蘇ってきたのです。もうずっと前、忘れてしまっていた古い思い出が、なぜ今になって蘇ってきたのかと驚きました。「Open your heart!」の言葉が同じだというだけで、こんなにリアルに思い出すかしらと……。

すると再び、友人の瞳の輝きが私に向かってまっすぐに飛び込んできました。再度のタイムスリップでした。懐かしく思いながら心が和んだそのとき、その友人が台湾人だったことを思い出しました。「嬉しいシンクロだなっ」そのときには、まだその程度の軽い気持ちで台湾との繋がりを感じていただけでした。

しかし、この言葉には、これから次元上昇に向かう私たちにとって、とても大切なメッセージが秘められています。後の章でも詳しくお伝えしますが、**ハートを開くとは、霊性の自分を覚醒させること**に繋がります。そして、**自分軸を大切にして生きること、利他的に生きること**

でもあります。なぜなら、ハートチャクラを中心として、光を放っているのが、本来の私たちの姿だからです（ハートチャクラだけに限りませんが、ここではハートチャクラにフォーカスしてお伝えします）。簡略化して模式図にすると真ん中に○があり、そこから、上下左右に光に当たるラインが伸びます。上下のラインが自分軸、左右のラインが利他軸です。どちらもバランスが取れることによって私たちは、本来の自分自身に戻っていくのです（これは後でご紹介する菊理《ククリ》神聖幾何学とも関連しています）。

台湾のドラゴンゲート

八卦山には大きな仏像があることはわかっていましたが、どこが「龍の扉」なのかわかりません。飛行機の中で受け取ったメッセージは、

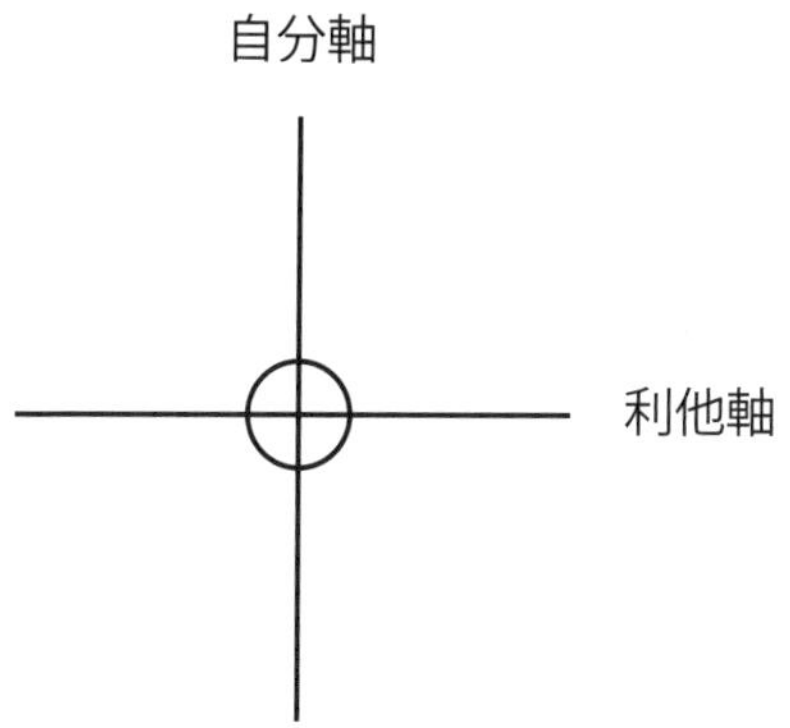

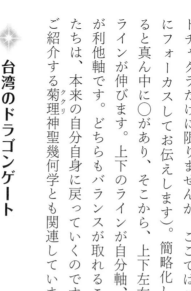

「分断されていた龍のエネルギーを一つにするのです。そのために、龍の扉を開くのです」

「とにかく龍のエネルギーを感じるところを探すしかない」と、歩き出しました。すると仏像の正面のあるポイントに、引き寄せられるように導かれました。地底から湧き上がる龍のエネルギーを感じます。しかし、まだそれほど大きなエネルギーではないようです。無理もありません。これから生まれようとしている龍の子のエネルギーでした。ここでのお役目がわかっていなければ、見落としてしまっていたでしょう。

さらに意識を向けると、その「場」が開いていないのがわかります。つまり、地面の下で、龍の子のエネルギーが生まれつつあるにもかかわらず、彼らが解き放たれる扉が開いていないのです。私は、そのまま意識を深くフォーカスしていき、龍の扉を開いていきました。

すると、準備ができた彼らが、どんどん解き放たれていきます。彼らのエネルギーが足元から私の体にも強く伝わってきます。

「これでドラゴンゲート（龍穴）が開いた！」

そう感じました。あとは、事前のメッセージどおり、ドラゴンライン（龍脈）を日月潭まで繋げ、鳳凰と統合させる必要があります。

ドラゴンライン（龍脈）は、日本列島に連なる気のルートです。人間でいう血液や神経に当たると考えていただければわかりやすいでしょう。そして、その気は、ただ地底に溜め込まれているのではなく、エネルギーを外に出しています。それがドラゴンゲート（龍穴）であり、いわゆるパワースポットに当たります。このドラゴンゲート（龍穴）が八卦山で開き、台湾の龍のエネルギーが復活し、日本と台湾で分断されていた龍のエネルギーが繋がったのでした。

台湾のドラゴンライダー現る！

一つ目のお役目が無事完了し、日月潭に向かいました。連日の強行軍もあり疲れていた私は、車の中でウツラウツラしていました。すると、光が私を呼びました。呼ばれる方に意識を向けると柔らかな虹色の光が輝いています。以前、今帰仁村に降りた宇宙の光と同じでした。少しの間、その美しさに見とれて癒されていると、目の前に、とても力強いエネルギーを持った、ドラゴンと男性性の存在が現れました！

眠気が一瞬にして吹き飛びました。空からこちらを見て、敬礼してくれています。なんと力強いエネルギーなのでしょう！　さっきまでの龍の子のエネルギーとは全く違います。ドラゴンは、上半身が龍で、下半身が馬のようでした。男性性の存在は、鎧のようなものを全身にまとっています。

「台湾のドラゴンライダーだ！　でもなぜ鎧を身につけているの？」

そう感じた疑問は自分の中に留め、私は、同行の皆さんに、自分が見たものを伝えました。

「台湾のドラゴンライダーが来てくれました！　さっき龍の子を解放したことを喜んでくれています。そして、こっちだよと先導するように日月潭の方向に向かって走っていき、『先に行っているから、そこで待っている』と言われました！」

ドラゴンライダーのエネルギーの強さに圧倒された私は、興奮して伝えました。でも……、そのときのことを後で皆さんに聞くと、「ふ〜ん、そうなんだ〜」としか思わなかったそうです。ヒカルランドの石井社長に至っては「何言ってるのかな〜と思った」のだそうです（笑）。

でも、私自身は、何かとても強い力に導かれていることを確かに感じていました。

光次元のユーモアとドラゴンライン

車を降りて、日月潭に向かいました。湖を渡るための船があって、その船の舳先《へさき》に、なんと！　馬の細工がされていました。私はすぐに、「あ、光次元のユーモアだ！」と笑い出しそうになりました。先ほどお話ししたとおり、光次元は、さまざまな仕掛けをしてくれます。その中にはこのようなユーモアもあるのです。でも、同行のみんなは大興奮です！

「あ！　これが龍依さんが言ってた馬だ！　本当に馬が待っていた！」

私が伝えたのは、下半身が馬で上半身が龍だったので、馬ではありません。「違う」と言っても、湖に馬という、一見なんの繋がりもないことが、かえってみんなのツボを刺激してしまったようで、「これだよ！　これだよ！」と、半分、茶化しながら喜んでいます（笑）。

そして、その舳先の馬は、すべての船についているのではないことがわかると、ますます

「すごいすごい」と、あまりに盛り上がってくれるので、私も諦めて、

「光次元の存在はユーモア大好きなので、こうやって見せてくれるのですよね〜。でも、これはあくまで光次元のユーモアで……、だから、ちょっと違うのだけどな〜。まぁ、楽しければいいかぁ〜」

と話していました。そして心の中では、「でも、さっきのあの力強いエネルギーが、これで終わりのはずがない」とも思っていました。

船で湖を渡って向こう岸につき、しばらく歩くととても風光明媚《ふうこうめいび》な場所に出ました。そこには龍の子たちを育む深いエネルギーがありました。そういえば、拙著『ドラゴンライダー』で対談させていただいた河合勝先生が、「日月潭は台湾の子宮にあたる」とおっしゃっていたのを思い出しました。龍の子を育むエネルギーを感じてドラゴンライン（龍脈）を繋ぎながら、私自身も癒され、その後、台湾のドラゴンライダーのことは忘れかけていました。

面目躍如⁉～台湾の鳳凰と龍を統合

その後も、重要な拠点をまわり、その日の最終目的地に着いたときには、もう日が暮れかけていました。そこは龍鳳宮《りゅうほうきゅう》。その名のとおり、龍と鳳凰が祀られているお宮です。

私はここで、今回のご神事の最後のお役目を果たそうと、意識を集中し始めました。すべての感覚を光次元側に向けていこうとしたそのとき、

「龍依さん！　龍依さん！　来て、来て、来て！」

ヒカルランドの石井社長と阪本プロデューサーが大興奮で私を呼んでいます。

その興奮度たるや、さっきの馬の舳先のとき以上です。何事だろうと、呼ばれる方に向かっていくと……いました、いました！　上半身が龍で、下半身が馬の存在！　本殿の中の神様をおまつりしているそばに、その姿の龍が装飾されていました。金色に輝いています。

「龍依さんが言っていた龍が本当にいた！」

と他のみんなも大興奮！　私はと言えば、「だから言ったのに〜」と言いながら（笑）、再びあのドラゴンライダーの意識を感じていました。やはり鎧を着ています。彼のエネルギーに包まれながら、龍の子のエネルギーが日月潭と繋がって鳳凰と統合したのを確認し、場を整えていきました。

魂のお医者さん

翌日、ご神事を終えた私たち一行は、あるお寺に案内されました。そこでは菩薩様をお祀りしていらっしゃって、ご住職さんが菩薩様のお力を借りて、一人一人にアドバイスをしてくれます。ご住職は私を視《み》て、

「この人は魂のお医者さんをしている。だから、わたしは、あなたのお手伝いをしたい。何かあればいつでも言ってきてください。この人は全部自分でわかっているから、他に特に聞きたいことはないでしょう」

と言われました。私の職業については何もお伝えしていなかったので、案内と通訳をしてくだ

さったSさんが、驚きながら私に伝えてくれました。

魂の成長

このとき言ってくださった、「魂のお医者さん」という言葉は、私にとって、とても心に響く表現でした。なぜなら、普段のセッションやワークショップをさせていただく際も、私が大切にしているのは、お一人お一人の魂の成長だからです。

光次元の存在たちは、皆、魂の成長をサポートしてくれます。しかし、**身代わりになって成長してくれるということはありません。**本人**自らが、魂を成長させる意思を持つこと、そして、そのための選択をしていくことが大切**です。

私は光次元からの導きで、お一人お一人の中に光の柱を立てるということや松果体を開くということもさせていただいていますが、それもすべて魂の成長のためであり、逆の言い方をすれば、魂の成長なくして光の柱が立つことも松果体が開くこともないのです。

魂の成長のための過去世

ですから、個人セッションでも魂の成長に必要な過去世を紐解いたり、必要があれば、それを書き換えたりということをさせていただいています。**今世で悩みやうまくいっていないことがある場合、人にはパターンがあることが多い**です。これまでの過去世で体験してきたことと似たようなことを経験しているのです。環境や性別、立場などは、過去世と今世で全く違っても、同じようなことを経験しています。

理由は、**それが課題だから**です。一人一人が魂の成長を遂げるため、必要な課題をクリアしていくために、人は、その課題に沿った体験をします。その課題がクリアできたら、もうその体験をする必要はありません。

ですからセッションでは、**たくさんある過去世の中でも、魂の成長のためとなる過去世**を見せられます。それは一つの過去世のときもあれば、複数のときもあります。そして、それをお伝えしていくことで、まず「**気づき**」**という魂の学び**をします。その際、光次元の存在たちから届くアドバイスをいろいろとお伝えしています。課題をクリアするためのアドバイスです。

そして必要があれば、その場で過去世の書き換えをしていきます。

一人一人が魂の課題をクリアして次元上昇の波に乗る

セッションの過程は一例です。魂の課題が、お一人お一人違うように、光次元が伝えてくれることも違いますから、その方の魂の成長のために完全オリジナルで、光次元がアレンジしてくれるのです。時には、「これ以上のことは、この方には伝えない」と光次元の存在たちから言われることもあります。必要に合わせて、**告げない、または気づかぬふりをするというのも、その方にとって必要な場合がある**からです。

ですから、ワークショップの際にも、私はお一人お一人に個別に対応させていただく部分を大切にしています。時間の制約はありますが、できるだけ、その方の課題に沿ったエネルギーワークをさせていただくことにより、**魂の成長に繋がるように**お手伝いさせていただいているのです。

それは、令和という時代に入り、ますます調和や統合が進んでいく中で、お一人お一人の魂が、**光の次元に成長していくことが大切**だからです。一人一人の**魂の成長なくして、本当の意味での地球レベルの次元上昇の波に乗ることはあり得ません。**

ドラゴンライダーの頭文字をとるとドクターに

話を戻すと、私が光次元からのお役目でさせていただいていることは、すべて、『魂の成長』というところに行き着きます。ご住職さんに一言で『魂のお医者さん』と表現されて、「私がこれまでさせていただいてきたことは、それだった」と納得したのです。

しばらくして、光次元から情報が降りてきました。

「ドラゴンライダーを略すとドクター」

そして、次の瞬間、アルファベットが浮かび上がりました。『D』『R』確かに、Dragon Rider の頭文字を繋げるとDR（ドクター）になります。

私は過去にドラゴンライダーだったことがあります。ドラゴン（龍）と共生していた世界で、ドラゴンとともに光を扱う役目を持っていました。つまり、ドラゴンライダーはその時代の私の職業のようなものだったわけです。

ドラゴンライダーが担っていた役割の中には、光を使って場を清めたり、人や動植物を癒したりということもありました。当時は、今のような肉体次元（三次元）の世界ではなく、半霊半物質で今より次元の高い世界だったので、現代のお医者さんとは違う部分がとても多いですが、ドラゴンライダーは、心・体・魂を整えるお医者さんのような役割も担っていました。

魂のお医者さん＝D．R．＝ドラゴンライダー。この一致も光次元が〝仕掛け〟てくれたことなのかもしれません。

ドラゴンの世界のことについては、私の著書、『《龍の御使い》ドラゴンライダー 龍神からの「光次元」メッセージ』（ヒカルランド刊）に、詳細を書かせていただきましたので、ご興味のある方はどうぞお読みください。

GATE5 大陸へ繋ぐ愛と調和の光のシールド／ドラゴンラインを強くする

令和に変わる前に

年が明けてしばらくすると、もう一度台湾を訪問する必要性を感じていました。多忙な時期だったのですが、それでも必要性を感じ、仕事の合間を縫って訪問したのが、２０１９年の３月から4月にかけてのことでした。今思えば、令和に時代が移り変わる前に、訪れる必要があったのです。

訪問が決まったのは、出発の2日ほど前だったでしょうか。本当にギリギリで決めて台湾に向かいました。今回は、あまりに急だったので、どこでご神事をするのか決まっていませんでした。しかし、出発前に、とても大事なことが紐解かれていました。

ドラゴンライダー『関羽』

それは台湾のドラゴンライダーのことです。彼に初めてあったときから、なぜ鎧を着ているのか、その疑問がずっと解決できていませんでした。それが二度目の訪問の直前に、また光次元から情報が届いたのです。『関羽』。たった二文字の情報でした。

どこかで聞いたことがあるような気がしました。歴史好きの方なら、すぐにピンと来られたことでしょう。そう、『三国志』に出てくる将軍関羽のことです。私は、関羽についての知識がほぼないにもかかわらず、『関羽』が、台湾のドラゴンライダーのことであるとすぐにわかりました。なぜ？　と言われると、こればかりは、知っていることを思い出すような形で情報が入ってくるので、理由を語ることができません。

関羽は生前、現在の中国大陸で武将として活躍していました。私の前に現れてくれたときに、鎧を身に纏って、馬（のような龍神）に乗っていた理由が、これで理解できました。詳しく調べてみると、関羽は、亡くなってからは神格化して、中国や台湾では、とても力のある神様として信仰の対象となっています。横浜の中華街にも、関羽をお祀りした関帝廟《かんていびょう》というお廟があります。

関羽に呼ばれた意味

すると、さらに思いがけないことがありました。前回台湾に訪れた際に、もう一つお廟（寺院）に伺ったのですが、そこの神職に、関羽が降りてこられるようになったというのです。

そのお廟は、もともと、『媽祖様《まそ》』という、台湾で多くの信仰を集めている神様をお祀りされていて、（関羽様と媽祖様が台湾での代表的な神様のようです。中華街に行くと、そのお二方が立派なお廟で祀られていることからも、そのことがよくわかります）前回伺った際は、ご神職がお亡くなりになった後で、喪に服されているタイミングでした。

それは2018年10月のことでした。年が明けて2019年1月に、私たち一行の案内と通訳をしてくださった男性Sさんが、横浜の私のスタジオに遊びに来てくれて、お話をさせていただくことができました。その際、Sさんが「媽祖廟の先生が、『龍依さんは来ないのか？』と、龍依さんのことを気にされていました」とおっしゃるのです。

媽祖廟の先生とは、新しくご神職に就かれた方のことです。その方とは少しお話ししただけだったので、なぜ気にしてくださったのか不思議に思っていました。それもあって、2019年3月から4月にかけての年度替わりの時期に、再び台湾を訪れることになったとき、私は、もう一度そのお廟に伺おうと考えていました。

ドラゴンライン（龍脈）を繋ぐ

台湾に向かう飛行機に乗った途端、またドラゴンライダーが現れました。今度は、その正体は、関羽様だとわかっています。関羽様は、ペガサスに乗り、私の頭上を駆け回っています。離陸すると、ペガサスはいななき、ドラゴンに変容しました。以前と同じ下半身が馬で上半身が龍の姿です。駆け回っていたドラゴンはピタッと止まり、ドラゴンライダー（関羽様）は敬礼し、私を通してくれました。日本神界域から台湾神界域のゲートを通してくれたようです。するとと、私自身もドラゴンに乗り、空に舞い、台湾へのゲートを駆けています。

「ドラゴンライン（龍脈）を強くつける！」

そう、声が響き渡りました。私の魂の奥から響き渡るような声でした。

それは、次元上昇のために、前回開いたドラゴンゲートと繋いだ龍脈を、確実にしていくための道をつけることを意味していました。

また、ラインを確立することによって、「Open your heart」「ハートを開く」だけでなく、松果体を開くことも意味していました。

かつて沖縄から首をもたげた龍体＝龍神NIPP〇N列島が、台湾まで繋がろうとしています。古宇利島のご神事の際に伝えられた「沖縄という龍神NIPP〇N列島の頭から、世界に向けて『これからの人類にメッセージを発信する』『そこから次元上昇が始まる』『沖縄から世界を拓く』」その言葉どおりのことが展開しようとしていました。

台湾本島最西端

ドラゴンラインをつけるために行く場所は、すぐに関羽様から伝えられました。案内は、今回もSさんとSさんの教え子である台湾人のU君にお願いして、伝えられたその地へ連れて行っていただきました。

そこは、台湾本島の一番西の端。日本でいうと鳥取砂丘のような広大な砂浜が広がっていま す。到着すると、やはりドラゴンライダー（関羽様）が現れ、子供のドラゴンも現れました。前回訪れたときにドラゴンゲートを開き、龍の子が解き放たれましたが、その龍の子たちのようです。少し育ってきているのがわかります。

愛のライトシールド

その砂浜で、中国大陸の方向に向かって、意識を集中させていき、ドラゴンライダー（関羽様）と意識を共にして、オーロラのような光の壁、すなわちライトシールドをつくりました。このライトシールドは、ブロックのためではなく、愛があれば通ることができる壁だと光次元から情報が降りてきました。それは中国との関係性も暗示していました。

シールドをたてた後には、大きなドラゴンが現れ、それを囲むように、たくさんの子供のドラゴンも現れました。整然と隊列を組んで、皆、中国大陸の方を向いていました。

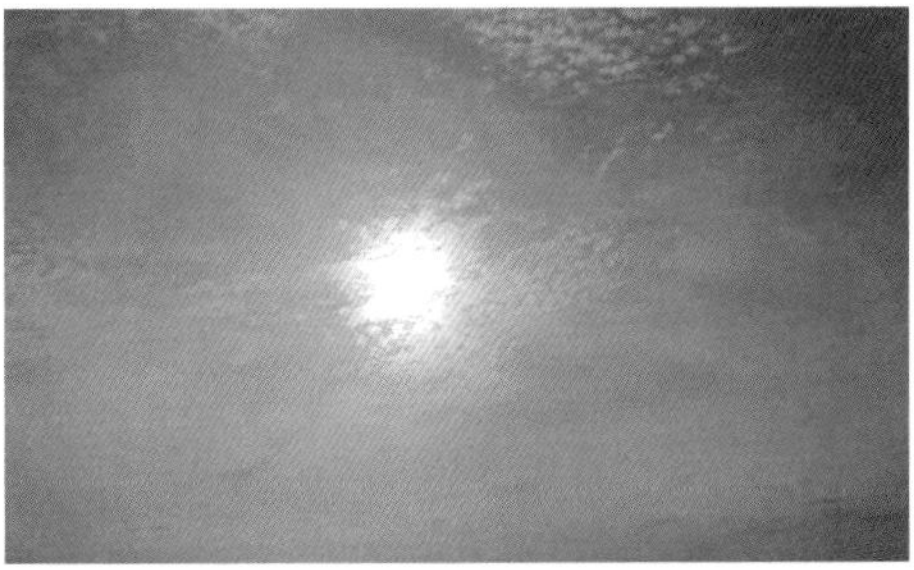

ライトシールドがかかったときの空

今回は、日本と台湾のルートをさらに強く繋ぐために、この西の端を訪れ、ライトシールドをつくりました。それは育ってきている子供の龍を守護する意味もあり、それによって、日本と台湾のドラゴンラインも確実なものとなるということでした。

そして、愛によってここのドラゴンラインを開いていくことも大切で、そのためのシールドでもあるそうです。この地を訪れる機会がある方は、どうぞ、魂の祈りを捧げてください。

愛を指針にした人類の行動によって、今後このシールドが通り抜けられるようになるかどうかは、私たち人類にとって、次の段階の大切な魂の成長です。私たちにできることは、一人一人が愛を育み、魂の成長をし、それを自分の役割の中で生かし実践していくことです。それは、あなたが、光そのもの、愛そのものであり、すべての源であることを思い出していくことでもあります。あなたの光を輝かせることによって、確実に、周りを導き、日本そして世界を導いていきます。

愛の人・関羽

後でわかったことですが、関羽様というのは、愛の人でした（ある方の個人セッション中に行ったチャネリングによって関羽様の情報が降りてきました）。地上に現れたときには武将でしたが、人々に慈悲や慈しみを示す愛の人であったようです。

武将という立場にありながら、その時代の愛の成長を促す役目を持っていたということは、とても重要な使命を持った存在の一人であったことは想像にかたくありません。だからこそ、亡くなった後に神格化されていったのでしょう。

愛のライトシールドをつくるように導いてくれたのが関羽様であったことは、これで大いに合点がいきました。

再び媽祖廟へ

ライトシールドをたてた翌日、媽祖廟に再び訪れる機会がありました。「龍依さんは来ないのか？」とおっしゃった先生のお廟です。このときには、その理由が十分にわかっていました。私が関羽様とご縁が繋がっていたので、その先生と関羽様が繋がったときに、私のことが気になったということでしょう。

先生は、私のようなチャネリングではなく、肉体に関羽様のエネルギーを降ろすタイプのようです。ですから話し方も随分力強く聞こえます。関羽様が宿っている状態の先生と少し話をした後、お廟の隅で、瞑想をすることを勧められました。

「あなたは、言わなくてもわかる方ですから、そこで瞑想をしてください。神様が必要なことを教えてくれるでしょう」

言われるがままに瞑想すると、程なくして、ある古い時代の私自身の過去世を見せられました。

台湾での過去世

台湾の古い時代です。私自身は、琉球の王族としてこの地に訪れているようです。そのときは、大陸の侵攻から台湾を守るため、また、台湾の部族と交流を持つということが、訪問の目的だったようです。馬で台湾の山にかけ登り、切り立った崖のようなところから台湾の豊かな自然を見下ろしています。「この豊かな自然と台湾の民を守ろう！」という気持ちが湧き上がってきます。

同行の方も複数人あり、台湾の部族の方もいらっしゃるようです。私は、そのとき身につけていた冠を岩の上に置き、国や部族を超えて協力し仲良くしていこうと、同行の方々と交流していました。

なぜ、私が、台湾でのお役目をいただいたのか疑問に思っていましたが、ようやくご縁がわかりました。過去世においても行っていたことを、今世でも引き続きさせていただいていたのでした。

ドラゴンラインが現実世界に反映！

台湾の最西端で愛のライトシールドによって日本と台湾のドラゴンラインが太く強くなった後、日本に戻った私はとても嬉しいニュースを耳にしました。

『2019年6月から日本の最西端の地点が、少し西に動いた！』というのです。つまり、日本と台湾が近づいたのです。地図にも6月1日付で『トゥイシ』と呼ばれるその場所が記載されたそうです。正式に発表されたのが6月ということは、測量されたのは、もう少し前なのだろうと思います。もしかしたらかなり前のことなのかもしれません。しかし、ライトシールドができてからぴったり2ヶ月後に、地図に記載され、このニュースが駆け巡ったこの事実は、霊性の世界の出来事が、実際に現実の世界に反映されたということです。

そして、さらにその約1ヶ月後にも、また、現実世界の反映を裏付ける出来事がありました。それは、国立科学博物館による「3万年前の航海　徹底再現プロジェクト」として、3万年前の道具や技術を使って、台湾から与那国島へ渡るという実験でした（P90地図参照）。2016年、17年、18年とずっとうまくいかなかったのが、2019年7月、45時間かけて与那国島へ到着したのです。

魂の次元（霊性次元）で起こったことは、肉体の次元でも反映されていきます。時間差はありますが、その時間差が、今、どんどん小さくなってきています。宇宙エネルギーが史上最高に降り注ぐ地球の大変容期とは、そういうものなのです。

ですから、皆さんも、**想いが叶うのが早くなっている**という経験をされていらっしゃるのではないでしょうか。まだ、その実感がないという方は、まず、**展開が早くなっているという事実を受け入れて**みてください。あなたの思念で遅らせることのないように、ぜひ意識を今の流れに向けていきましょう！　エネルギーはどんどん、変容してきているのです！

第3章

日本再生／日本再生のドラゴンゲート

～白山・熊野・徳島編～

GATE6　白山と菊理媛《ククリヒメ》

菊理媛現る！

2018年9月9日（日）、私は、松果体覚醒のためのワークショップをこの本の出版社であるヒカルランドさんで開催していました。休憩時間に外に出ると、空に大きな菊理媛がドラゴンに乗って現れていました。こんなに出来すぎた話があるだろうかと、天の采配に驚かされるばかりでした。

なぜなら、9月9日は、括り（菊理《ククリ》）の日、菊理媛の日なのです。そして、この日のワークショップ開催は、私が狙って設定したものではなく、その日がぽっかり空いていたから設定されたのです。私の都合ではありません。会場の都合です。ヒカルランドさんの会場は、土日や祝日は、ほぼ、ワークショップやセミナーなどで埋まっています。そのため、空いている日を探した結果、その日になったのです。そのときは、「こんな意味がある日がなぜ空いていたのだろう？」と不思議に思っていました。

そんな事情だったため、菊理媛の出現にとても驚かされましたし、私が松果体覚醒のワークショップをさせていただくことへのエールも贈られて、とても心強く感じていました。そして、菊理媛は、さらに、私に大切なことを教えてくれました。

菊理媛現る

それは、松果体と菊理媛との関係性です。松果体覚醒のための神聖幾何学は、何年も前から降りてきていたのですが、そこに菊理媛本人からの情報が加わり、なぜそのような形なのかが、よりはっきりと理解できました。

私は、その神聖幾何学情報を、菊理《ククリ》神聖幾何学と呼んでいます。

先ほど、第2章で模式図（P151）を見ていただいたとおり、『真ん中に〇があり、そこから、上下左右に光に当たるラインが伸びる。上下のラインが自分軸、左右のラインが利他軸。』と書かせていただきました。これは、菊理神聖幾何学の大元となる形です。その縦軸と横軸の間に、斜めのラインが入り、真ん中より大きな◯で括られることによって、完成形となります。

白山へ！

さて、9月9日に菊理媛が顕現された日をきっかけに、菊理媛からのメッセージが頻繁に届くようになりました。そのメッセージを受け取る中で、台湾でのドラゴンゲートを開くご神事をさせていただきながら、同時に、日本の再生が急務であることが知らされていました。沖縄地方で感じていたムー大陸のエネルギーも、ますます感じるようになっていました。

そこで、2019年4月、私は、金沢へ向かいました。台湾の二度目のご神事が終わってから約2週間後

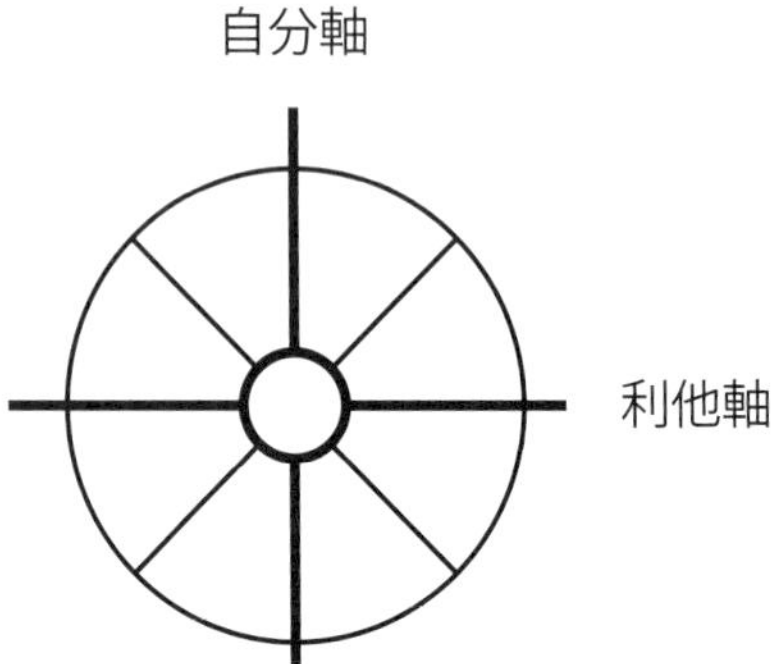

菊理神聖幾何学基本形

のことです。

新幹線の車内では、例によって、今回のご神事に向けてのメッセージが届き「音楽の人」という言葉が降りてきました。同時に現れたビジョンは、小さな竪琴のような琵琶のような楽器を持っている存在でした。人類誕生の起源であるリラの星の王女の姿と重なります。頭に髪飾りをつけていて、2018年9月9日に空に現れた菊理媛の姿とも似ています。メッセージが続きました。

菊理媛からのメッセージ

「音を奏《かな》でる。

音でハートを開く。

その音を受け取りに行く。

平安の雅、その調和、柔らかさ、時の流れの緩やかさを現実の世界へ。

外の喧騒に惑わされず、ハートの柔らかさを育む。

人間の神性を花開かせる。

そのための旅であり、それを人々に伝えるための旅である。
それは神聖幾何学とも関係している。
神聖幾何学はそういう役目も果たす。
ハートの柔らかさがでることで、ハートは開き、
宇宙、シャンバラ、新生地球、と繋がる。
菊理媛、音とハートの存在」

最後の「音とハートの存在」と伝わってきたのと同時に、9月9日に現れた菊理媛の姿が重なりました。騎士と聖女が一つになったような姿です。リラの王女も、同じように、騎士のような姿と、聖女のような姿の両方を持ちますが、そのことと重なります。
また、ハートというと愛だけでなく、勇気も表しますが、音は、愛を育むこともあれば、勇気を掻《か》き立てることもあります。すでに述べたように、ハートには、脳のハート（松果体）やお腹のハート（丹田）もあります。菊理媛は、すべてのハートを司る存在でもあるということです。

ご神事の前から、このようにさまざまな情報が届けられたのは、この日、お昼まで嵐で、土

地がとても浄化された状態だったことと無縁ではありません。今回も、しっかりと光次元に導いていただきました。そして、菊理媛からは、その後も、どんどん情報が降りてきました。

菊理媛が教えてくれたこと

・9月9日に菊理媛がドラゴンに乗って現れたことには、ちゃんと意味がある。
・ドラゴンは翼を持つ、能登半島はドラゴンの翼に当たる（P29参照）。
・菊理媛が祀られることで知られる「加賀一ノ宮　白山比咩《しらやまひめ》神社」は、ドラゴンの翼の付け根に当たる。翼の付け根なので、龍神NIPP〇N列島が、羽ばたく（次元上昇する）ためには、非常に大事な場所である（P29参照）。
・台湾で2つのドラゴンゲートを、ライトシールドで安全に解除して開いたことで、羽ばたく準備ができたので、翼の付け根にあるドラゴンゲートを解放することになった。
・白山比咩神社でドラゴンの翼を解除するためには、翼の付け根の肩甲骨を結ぶ3つの聖地で解除する必要がある。
・その後、熊野に鎮座する玉置《たまき》神社で動力を動かすことが必要（P29参照）。
・玉置神社は、龍神NIPP〇N列島が、離陸するために大切なかぎづめに当たる。

・徳島の眉山《びざん》で、宝玉の解放。別の地で真のハートチャクラ解除。

これらが、すべて、ドラゴンゲートを開くための神事となることを教えられました。

そして、金沢に到着した日の夜のことです。白山比咩神社でのご神事を翌日に控え、ゆっくり体を休めようと思っていたら、再び、情報のダウンロードが始まりました。

・菊理媛も、関羽も、ドラゴンライダー。だから、ドラゴンライダー仲間として共に神事を行う。

・龍神ＮＩＰＰ〇Ｎ列島がさらに次元上昇し、龍体は浮上する。

・その次元上昇に貢献することは、縁あって、今、龍神ＮＩＰＰ〇Ｎ列島に住む私たちができるお役目。

・お役目を果たして、龍神と鳳凰の統合した光の船に乗る人々もまた、皆ドラゴンライダーとなる。

つまり、日本の次元上昇に貢献することは、日本に住む私たちの大切なお役目であり、その貢献をする人は、皆、ドラゴンライダーとなり、そして、龍神と鳳凰の統合した光の船に乗る、ということです。

貢献の仕方は、もちろん、人それぞれです。龍神と鳳凰の統合した光の船とは、以前、見せられたビジョンで、これから顕現するノアの箱船のような船に当たるそうです。先ほどの菊理媛が乗っていたドラゴンも、実は、龍神と鳳凰が統合しています。

ハートを開く太鼓の音

そろそろ眠りにつこうとホテルのベッドに入ると、今度は、菊理媛がやってきて、太鼓を鳴らし始めました。

「ドンッドンッドンッドンッドンッドンッ」

ハートに響き渡ります。

「ハートの覚醒を導く、玉置は爪。動力、離陸、そして、徳島（阿波）に繋がる」

またメッセージが降りてきました。

太鼓の音は止《や》みません。「ドンッドンッドンッドンッドンッドンッ」全く寝られません！

私は、菊理媛に呼びかけ、寝させてもらえるように頼みましたが、まだ音は止みません。

「このご神事で、他にどこか行くところがあるのですね？　音に関係があるのですね？」

新幹線の中で、「音でハートを開く」とメッセージがあったのを思い出して尋ねると、太鼓の音が少し止みました。すると、それに関する情報が降りてきました。

「太鼓の音に関係があるところですね？」

そう確認すると、太鼓の音がまた少し止みました。どうやら、そのようです。太鼓に関する場所がないかを調べました。

すると、なんと！　太鼓の里が、白山にあるではありませんか！

「ここですね？　わかりました。では、明日、必ずここに行きます。そこで太鼓を鳴らします。だから、今日は寝させていただけますか？」

菊理媛は、納得されたようで、急に静かになりました。実はこのとき、同室の母から「何やってるの？　目が覚めたでしょ。いい加減にして」と言われていましたので、やっと静かになってくれて、ホッと胸をなでおろしたのでした（笑）。

音を奏で、白き姿で舞う菊理媛

翌日、白山比咩神社に向かっていると、鳥居まであと100メートルというところから、お姫様のようなエネルギーが流れてきました。それを言葉で表現するのは難しいですが、柔らかで、芳しいような、でも主張のあまりない、品の良いエネルギーです。驚いたのは、ミロクさんがそれを香りで感じとっていたことです。ミロクさんは、この頃、松果体の覚醒が進んでいたので、（松果体から芽が出たり花が咲いたり）第六感的な感覚も澄んでいたのでしょう。

ドラゴンの翼の付け根、肩甲骨にあたる三方の地の一つ白山比咩神社

本殿を参拝すると、菊理媛が龍神の背に乗って現れました。龍神は、こちらにぐぐっと顔を向けています。その後、ご祈禱《きとう》をしていただき、巫女《みこ》さんが神楽《かぐら》を舞ってくださったのですが、この光景は、新幹線で伝えられた「音を奏でる。音でハートを

開く。その音を受け取りに行く」ということを表していることに気づきました。神楽の舞と、昨夜伝えられた太鼓、この両方で、ハートを開くということのようです。

その後、奥宮を参拝すると、真っ白な菊理媛が現れました。衣装も白。それまでは、十二単《じゅうにひとえ》のような姿だったので、その違いがよくわかります。真っ白な姿で揺らめいて、舞を踊っているようです。後で、宮司さんに聞いた話では、『真っ白な白い山を下から見ると女性の神様のようだとして、白山信仰が生まれた』ということを教えていただきました。昔の人は、そこに、真っ白な姿の菊理媛が舞っていたのを、きっと見たことがあったのでしょう。

松果体とハートを開く神聖幾何学

白山比咩神社を参拝後、菊理媛に事前に教えられたとおり、今度は、『舟岡山』という、菊理媛が初めて降りてきた地として知られる聖地に向かいました。小高い丘のような山を登ったところに碑がたち、そこに意識を合わせていくと、今度は、白い鳳凰に乗って菊理媛が再び現れました。折り紙の鶴のように鳳凰が翼を10時10分の方向にひろげています。

私が、碑のまわりで、エネルギーを上へ下へと調整させていただいていると、鳳凰と菊理媛の上空に、笠の形の光（10時10分の光に対して8時20分の方向に光っている）が幾つも降りてきました。菊理媛の松果体がとても強く光っています。私の松果体も呼応するように強く光り、振動数がどんどん上がっているのが感じられました。笠の形の光は、そのまま下方へ向かい、鳳凰と菊理媛は、上空に向かいました。そして、上下入れ替わり、笠の頂点と鳳凰のお腹の下のところで、光が交差しました。

その形は、松果体とハートを開くとして、以前から伝えられていた神聖幾何学の形を彷彿《ほうふつ》とさせました。水平のラインだけがないものの、それ以外は、以前から伝えられている菊理媛の神聖幾何学と同じ形でした。

逆転現象は次元上昇の過程

そして、また菊理媛からメッセージが届きました。

「今までの**上下の逆転現象**が起きる。でもそれが本来の姿である。**統合して次元上昇するための過程**である。横のラインは古宮跡で現れる」

今までの上下の逆転とは、**これまでの常識が非常識に、非常識が常識になる**といったことです。例えば、自然災害においては、異常気象と言われていたことが頻繁に起きていて、もはや異常ではなくなっていると言えます。地震も揺れない土地と思われていたところが大きく揺れたり、これまでは震度5というとあまりない大きな地震という印象がありましたが、今は頻発しています。それだけでなく、この逆転現象は、私たち個人の生活の中でも言えることです。

このように、上下の逆転現象は、一見、私たちの生活を脅かすものもありますが、それは統合して次元上昇するための過程であると、菊理媛は伝えてきました。

そして、このとき伝えてきた菊理媛の額には、松果体やハートを開く神聖幾何学がありました。

菊理媛にいざなわれるままに、私は、碑に近づき、菊理媛や神聖幾何学と、エネルギーをひとつにしていきました。それは、古宮跡で現れるという横のラインと統合するためでした。

案の定、ドラゴンの翼の付け根である、肩甲骨の3つ目の聖地、古宮跡へ行ってみると、横に広がる平らかなる光が現れました。そこは、『安久濤淵《あくどがぶち》』と呼ばれていた場所で、暴れ川として知られていた手取川《てどりがわ》において、唯一穏やかな場所だったそうです。その平らかなるところで、その横軸の光のラインと、菊理媛と鳳凰の光、そして、舟岡山の笠の光と統合して、菊理神聖幾何学が現れ、白山でのご神事が完了しました。

ようやく、松果体やハートを開く神聖幾何学が完成し、龍神NIPP○N列島の翼の付け根にあたるドラゴンゲートが開きました。

龍神NIPP○N列島に響く太鼓

菊理媛《ククリヒメ》との約束どおり、太鼓の里にも行きました。行ってからわかったことですが、そこは浅野太鼓といって、全国の神社にご祈禱時などに使われる大きな太鼓を奉納されていました。まさに、日本の太鼓の中心地。そこで、見事な太鼓を思い切り叩かせていただき、その音はハートに響き渡りました。白山でのご神事の締め『ククリ』として、体の中心に見事な太鼓の音が刻まれ、私の中で、完成した神聖幾何学が、さらに力強さを増していったのです。

さあ、次は間髪入れずに、熊野です！

GATE7　熊野と菊理媛

天狗系の神々の里

白山でのご神事の後、1週間あまりで、熊野にたちました。思えば、以前、ハワイを訪れた1週間後に、エジプトに電撃的に向かったことがありました。どちらも、その地を癒すためのご神事がありました。ご神事ではエネルギー的なものが大きく関係するので、必要に応じて日程が組まれるようです。

新幹線が動きだしてしばらくしたら、早速、八咫烏《やたがらす》や烏天狗《からすてんぐ》さんたちのエネルギーの後押しを受けました。熊野といえば、八咫烏、烏天狗、猿田彦など、天狗系の神々の里です。意識を八咫烏や烏天狗さんに向けていくと、今度は猿田彦神が大きな鳥かごをかついでやってきました。長い棒の先に鳥かごがぶら下がっていて、その棒を肩に乗せています。長い棒はよく見ると先が三叉の矛になっています。古宇利島でのご神事の際に、ポセイドンからいただいた矛です！

猿田彦神は、私の目の前まで来ると、その鳥かごを渡してくれました。そのかごを受け取ると、自然とかごが開いて中から白金にかがやくカラスが出てきて、驚く間もなく、大きな鷲に変容しました。

「ホルス神？」

瞬間的に私の直感が働くと、その鳥が翼を大きくひらきました。鳥の足元も見えて、鉤爪のついた足の横にも小さな翼が生えていて、その翼も開いています。

「菊理《ククリ》の神聖幾何学だ！　覚醒を表している！」（Ｐ192下図参照）

ご神事リーディング

光次元からの情報が届きました。

「今回のご神事は、かごを開いて鳥を解放させるお役目である。

ここを開くことにより、飛び立つ（離陸）。３次元は完全に離れる。

そして、ドラゴンライダー、菊理媛の待つ世界へ、合流する。

れである。
菊理媛《ククリヒメ》が、熊野へ向かうように伝えてきた理由がそ

ここでゲートをひらき、日本を3次元から離陸させ
ること、
開くことで、これから離陸する人々が続いていく。

そして、玉置神社でスイッチオン。
それぞれのポイントで瞑想し、ビジョンを確認する
のです」

猿田彦神とキリストとミカエルは同一エネルギーの光次元存在

鉄道が熊野のエリアに入ると周辺のエネルギーが大天狗のエネルギーに変容したのがわかりました。猿田

写真：https://www.flickr.com/photos/dalbera/

彦神のエネルギーも強くなっています。

しばらく、そのエネルギーを心地よく受け取っていると、今度は大天使ミカエルが姿を見せました。

「大天狗（猿田彦神）がミカエルに変容したの？」

驚きながらも、今から10年位前に、光次元と繋がり、対話をしていたときに、姿を現したミカエルとキリストの姿がそっくりだったことを思い出していました。その頃、ミカエルもキリストも頻繁に私の前に現れてくれていて、二人の風貌やエネルギーがとてもよく似ていたので、二人は同一人物かと思っていたのですが、今回、それを裏付けるように変容していきました。

キリストと猿田彦神も風貌やエネルギーがそっくりなことは、以前から感じていて、同一エネルギーの存在であることはわかっていました。今回見せられたビジョンで、ミカエルとキリストが同一エネルギーであることが確認でき、猿田彦神とミカエルも同一エネルギーということがわかりました。

とにかく、ミカエルは、今回のご神事のサポートをしてくれるため、私のそばに立ち、そのエネルギーでずっと包み込んでくれていました。

不思議ホテル

熊野では、ホテル浦島という海に面した宿に泊まりました。ここは、以前にも泊まったことがあり、初めて八咫烏や烏天狗さんたちと出会ったホテルです。

2007年頃のことだったと思います。初めて熊野を訪れ、この宿に宿泊しました。夜になって、和室に私と母を含めた3人で川の字に寝ていると、廊下の向こうから足音と掛け声が聞こえてきました。私はそれまでぐっすり眠っていたはずなのに、完全に目が覚めました。私以外の2人は眠ったままです。時間はわかりませんでしたが、深夜2時や3時だったと思います。不思議だったのは、足音と掛け声だけでなくビジョンも見えていたことです。扉は閉まっていました。彼らは初め、修験者のように見えました。廊下の奥から、二列に隊列を組み、足並みをそろえてこちらに向かってきます。掛け声は、

「優《ゆう》・良《りょう》・長《ちょう》・大《だい》、優・良・長・大」

私の部屋の前まで来ると、扉がガラッと開きました。物理的には開いていないのですが、光次元上で開き、彼らは当然のように部屋に入ってきました。そして、私の頭の上を「優・良・長・大、優・良・長・大」と言いながら歩き続け、今度は、窓ガラスがガラッと開いて、そのまま歩いて外に出て行きました。まるで「銀河鉄道999」で線路がなくても列車が走るのと同じように、地面がなくても、宙を歩いて去って行きました。彼らがそばに来たとき、修験者ではなく、八咫烏や烏天狗さんたちだったことに気がつきました。

不思議修験者

朝になり、母たちに、

「昨夜、とっても面白い夢を見たよ〜。でも、すごくリアルで、夢とは思えないのだけれどね」

と、笑いながら話して、この話はそれでおしまいのはずでした。

その日、修験者さんが法螺貝《ほらがい》を吹いてくれるというショーがありました。現代でも修行をされている方がいらっしゃって、その方によるショーでした。ショーの終わりに、周囲の方々は記念にと言って、修験者さんに握手をしてもらっていました。私は、握手は別にいいかなと思って、後ろの方にいたのですが、他の方々に押されて、気がつくと、私が握手の最後の一人となって、修験者さんの前に立っていました。ここまで来たら、握手を遠慮するわけにもいかず、手を出して、お礼を伝えました。

そのときです！

「あれ？　この人？」

と、思った瞬間に、その修験者さんが私にこう言いました。

「昨夜お会いしましたね！」

「はい。お会いしましたね」

そう、この方は、昨日、隊列を組んでやってきた一行の中にいらっしゃったのです。

「えー!?　夜中に、知らない間に、どこに遊びに行ってたの!?」

母たちが驚くので、笑いながら、

「昨夜、部屋にきた一行の中の一人だよ」

と伝えると、

「えーーーー!!!」

と、5倍上乗せで驚いていました。私も驚いたのですが、それよりも母たちの反応の方がおかしくて、大笑いしてしまいました。

大嵐の海でのご神事

そんな不思議な体験をしたこのホテルに今回も宿泊しました。このホテルはたくさんの種類の温泉があるのが特徴です。

この日のお天気は夕方から数年に一度の大嵐。私がご神事に出向くときには、いつも丁度良いお天気が光次元より計らわれるので、これは何か意味があるなということは、わかっていました。

夜になり、海に面した露天風呂に入りました。目の前の海が荒れに荒れています。恐怖さえ感じるほどです。

急に指令のような連絡が光次元から入りました。ご神事です！
私は、可能な限り海に近づき、光次元の意思に集中していきました。

「地球の流転。
大地を鎮めるお役目です」

そのようにメッセージが届きました。そして、とっても短いお話を伝えられました。

地球創世物語

地球が始まった頃の話。

天も地も一つになって
ぐるぐるまわって

龍神も鳳凰も一つになって
ぐるぐるまわって

おのころ山もそうしてできた。

これは創世の地球のエネルギー。

それからずーっと後で世が変わり
なんども変わり、

再び、次元の変わり目がやってきた。

創世の地球のエネルギーが再び力を注ぐ。

天も地も一つになって。
龍神も鳳凰も一つになって。

菊理《ククリ》神聖幾何学の完成

このお話が届いている間、ある人がずっと地球のエネルギーをかき回しているビジョンを見せられていました。ある人とは、日本創世の神、伊井諾尊《イザナギノミコト》と伊井冉尊《イザナミノミコト》です。物語に出てくる『おのころ山』とは、日本神話で、最初にできた島として出てくる「おのころ島」のことを指しているようです。

そして、ビジョンでは、水平線がくっきりと現れました。その水平線を挟んで、天と地・龍神と鳳凰が結ばれていきました。天地統合です。菊理媛が教えてくれた菊理神聖幾何学の真横のラインのエネルギーが充塡《じゅうてん》されました。

ご神事の最後には、シリウスからの存在であるイルカたちが現れ、彼らと対話しました。

龍依「ありがとう」

イルカ「すべてわかっています。悲しんでいません」

ここは、イルカやクジラ漁で有名な太地《たいじ》町のすぐそばでした。『ビカッ!!!』彼らの愛のエネルギーと繋がった瞬間、天が大きく光りました！　そして菊理神聖幾何学の中央に、その光が充塡されました。

その夜は、大きな翼を持つ存在が現れ、その存在と創世のエネルギーに包まれて眠りました。大きな翼を持つ存在は、ミカエルのようにも、大天狗のようにも見えました。

次の日は、早朝に目が覚めました。カーテンを開けると、ちょうど日の出のタイミングでした。昨夜の大嵐は止んで、太平洋に太陽の光が水平線に一直線に伸びていて、またもや、菊理神聖幾何学の真横のラインが充塡されました。

イルカたちの愛

ところで、イルカたちの「すべてわかっています。悲しんでいません」との言葉にはどのような意味があったと思いますか。彼らは人間を憎んでいません。町の成り立ちや文化によって、さまざまな歴史があることを高次意識のもとで理解しているのです。すべてを理解し、愛で包み込んでいます。

このイルカたちの在り方は、これからの次元に進む私たち人類のお手本となるべきものです。私たち一人一人のハートにあることが、現実世界に映し出されますから、イルカが私たちに向けてくれる愛を、私たちも周囲に向けられるかどうかが大切です。

例えば、イルカやクジラ漁をしている方々を責めるのが愛でしょうか？　牛や羊や犬を食する方々を責めるのが愛でしょうか？

動物は食肉とされるために亡くなるときに、肉体次元でおそれや悲しみを抱きます。それはとても波動が粗く低いので、そのような波動を生み出すようなこと（食肉とすること）は、もちろん、しない方がいいのです。私も、お肉は食べません。

しかし、だからといって、それらを食する方々を責めてよいのでしょうか？　その責める行為自体が、波動が粗く低いことを忘れていないでしょうか（気づくための啓蒙と責めるという行為とは違います）。

人間は、自分自身の波動が高まれば、自然とお肉が食べられなくなります。自分の波動と違いすぎるものは、受け取れないからです。無理に食そうとすると、お腹を壊したり、気持ちが悪くなったりして、体調を崩すこともあります。

ですから大切なのは、人を責めるのではなく、自分の波動を上げることです。人ではなく自分にフォーカスしていきましょう！

伊弉諾《イザナギノミコト》尊・伊弉冉《イザナミノミコト》尊との再会

2日目は、大嵐のご神事とうってかわって、雨も降らず、暑すぎずの良いお天気に恵まれました。熊野三山や神倉《かみくら》神社を回り、伊弉諾尊や伊弉冉尊、天狗系の神々にご挨拶して回りました。

その後、産田《うぶた》神社と花の窟《いわや》神社を参拝することになりました。ここは、伊弉冉尊がご祭神として祀られている神社です。昨夜の急なご神事で、伊弉諾尊と伊弉冉尊が現れ、翌日に、彼らが祀られている神社に参拝させていただくことになるとは、なんという天の計らいでしょうか。

産田神社では、昔、宇宙船がこの地に降りたことがあることを教えてもらいました。そして、花の窟神社では、伊弉冉尊が雲に乗って現れ、お祓い（浄化）をしてくれました。浄化のエネルギーがとっても心地よくて、随分長い時間そのエネルギーに触れてからふと顔を上げると、紙垂《しで》（お祓い時やご神域などに使われているZ型に切った白い紙）が目に入りました。

そして、伊弉冉尊の御神体となっている岩のそばまで行き、そっと手で触れると掌に再び地球創世のエネルギーが広がっていきました。

「このエネルギーを受け取り、次の次元へ！」

とのメッセージも届けられました。

天の采配再び

いよいよ熊野ご神事最終日！　熊野三山の奥宮である『玉置神社でスイッチオン』のご神事です。

しかし、お天気は大雨。嵐ではありませんでしたが、土砂降りという言葉がぴったりの雨が降っています。初日の大嵐と同じように、今回も何か意味があるに違いありません。

玉置神社は、玉置山の山頂近くにあり、結構急な山道で、車の運転も慣れていないと危険という噂まであるため、行けるところまでタクシーで登ってもらいました。上にのぼるほど、龍神エネルギーが強くなっているのがわかります。

玉置神社の鳥居の手前までやってきました。タクシーはここまでです。タクシーを降りると、あんなに降っていた雨はすっかり上がっていました。雨の後の浄化されたエネルギーの中、鳥居をくぐると、エネルギーが、ガラッと変わりました。とっても清らかです。雨で浄化された分、いつも以上に清らかだったのかもしれません。天の計らいを感じながら、山林の高く清々しいエネルギーを受け取りながら、本殿までの道のりを歩きました。初日に体験した創世のエネルギーを思い起こさせるような原始の自然のエネルギーがそこにありました。居るだけで、エネルギーが完全に浄化されていく心地よさにハートが喜び、何時間でもかけて散策したくなりますが、そこをできるだけグッとこらえて、歩を進めました。

ご神事日和

40分くらいかけて歩いたでしょうか(一目散に歩けば、10分もかからない道のりだったかもしれません)。立派な本殿が見えてきました。ちょうど、宮司さんが朝のお勤めをされていらっしゃったところでした。宮司さんの後ろ姿を見送った後、参拝して本殿の神様にチャネルを合わせると、私の目線に雲海が広がっているビジョンが見せられ、目線から上が、より一層清められていきました。すると再び宮司さんがいらっしゃったので、ご挨拶させていただき、ご祈禱もお願いすることにしました。お祓いと鈴払いが、とても気持ちよく、少し強めに響くそのエネルギーで、第三の目や松果体が喜んでいるのがわかります。

ご祈禱後にご神職が、

「今日は本当に雨がすごくて、今日はもう誰もあがってこられないだろうと思っていましたが、気がつくと雨が止んでいて、そうしたら、皆さんがいらっしゃいました。だから願いは叶うと思いますよ」

と、話してくださいました。私が、

「はい、今日は呼ばれて、参拝させていただきました」

とお伝えすると、

「ああ、やはりそうでしたか」

というお返事からも、この地が呼ばれて（あるいはご縁があって）参拝させていただくようなところであることがわかります。また、土砂降りで誰も来ないような日だからこそ、ご神事として設定された日ということでもあります。

菊理神聖幾何学の基本十字の光

確かに、いつもは、それなりに参拝者がいらっしゃるようですが、この日は、本当に少なく、ゆっくりとほぼ貸切状態でご神事に回らせていただくことができました。

玉置神社には、敷地内に多くのお宮が存在しています。そのうち、末社・玉石社は、御神体が丸い石そのもので、チャネルを合わせると、菊理神聖幾何学の基本十字の光がフワーッと広がっているのがわかります。しかし、少しお疲れなのか、その光が弱まっていたようなので、今回は、そちらの調整のお役目もあって呼ばれていたようです。静かに祈りを捧げ、場が整ったのを確認して、菊理媛が祀られている白山社へ向かいました。

ドラゴンゲート（龍穴）と龍脈を繋ぐエネルギー

白山社は、さっきまでの土砂降りの影響からか、水を豊富に湛え、豊かな女性性のエネルギーが、いつもよりも大きくなっているのが感じられます。チャネルを合わせると、やはり菊理神聖幾何学が現れました。すると基本十字が大きく開き、その中に、私自身が入っていくのを感じていました。菊理媛のエネルギーに包まれているような感覚です。

「あ、今、このエネルギーの中にくくられている。統合されているのだな」

と感じていました。

ふと、呼ばれる感覚がして、意識を左方に向けると一層豊かなエネルギーに満ちている場がありました。雫の落ちる音が心地よく響いています。あっという間に勝手にチャネルが合い、そこに菊理媛が完全に宿っているのがわかりました。そして、第三の目・松果体と頭頂が開いていきました。とっても強いエネルギーです。

滴《した》り落ちている雫に目を向けると、それにも意味があるのがわかりました。まるで私たちのチャクラを繋ぐように、あるいはドラゴンゲート（龍穴）が龍脈によって繋がっているように、連鎖しています。そして、チャクラとドラゴンゲート（龍穴）と菊理神聖幾何学の中央の円が一つに合わさっていくビジョンを見せられました。

今日の天気だったからこそ豊かに水を湛えていたのです。ドラゴンゲート（龍穴）と龍脈を

菊理媛の豊かなエネルギー

繋ぐエネルギーを届けるために、今日が設定されていたことに間違いありません。これは私たちの松果体やハートを開くことに欠かせないエネルギーです。

さらにチャネルを合わせて、このエネルギーを受け取り、地球に統合させていきました。そして、この奇跡が生んだエネルギーの映像も大切に収めました。その間、私たち以外に誰も通ることなく、その純粋なエネルギーを収めることができました。ぜひ皆さんもこのエネルギーを写真からお受け取りください。

GATE8　徳島にてホルス神と松果体の解放

2019年6月22日夏至

菊理媛《ククリヒメ》から伝えられたお役目も一段落して、しばらくすると、宇宙からのエネルギーがますます高まっているのがわかりました。夏至が近づいてきていたからでした。

2019年の夏至は、特にエネルギーが強く、油断していると、体調を崩したり、調子を落としてしまったりする方が多くいらっしゃるのを感じていました。夏至が近づくにつれ、そのエネルギーはますます高まり、同時に、今年の夏至の重要性とお役目について光次元から伝えられました。

日本再生が始まっている今、ドラゴンゲートを開くことや龍脈を繋ぐことが大切なのはこれまでお話ししたとおりです。**日本の再生は、世界の再生**です。そのために、今回の夏至は大事な覚醒日だったのです。ですからこの日は、日本の各聖地で宝玉（松果体）の解放が進んだはずです。多くの方が関わられたのではないでしょうか。

私は、とても忙しくしていたので、前日までギリギリ迷った挙句《あげく》、夏至の日当日に、徳島へ向かいました。私のお役目として与えられたのは、日本の聖地の最高峰の一つ、眉山《びざん》でした。

松果体覚醒に欠かせない聖地『眉山』

勘のよい方はもう気がつかれたでしょうか？　眉山は、人の眉のような形をしたなだらかな山なのですが、眉と眉の間にあるのが第三の目であり、松果体と繋がっています。

現地に向かう途中に、関羽様が現れ、神武天皇もそこに重なっていきました。日本に二体しかないという神武天皇の銅像をお祀りしている場も、この眉山の中腹にあり、そこにも訪れる予定でした。

徳島に到着して、すぐに、眉山山頂へ向かいました。ぐるっと歩いて、一番エネルギーの高まりを感じる場所で、伝えられていたお役目、『宝玉の解放』を行っていきました。古宇利島を訪れた際にも行った宝玉の解放です。そのときと違うのは、宝玉を準備するように言われたことでした。それは、私がすでに持っている石だと告げられました。すぐにどの石のことかわかり、迷わず荷物に入れました。

宝玉の目覚め・松果体の解放

眉山山頂で、両手に宝玉を持つと、太陽の光が集まってきました。

「太陽の子供。天津神《あまつかみ》、国津神《くにつかみ》。統合して次の時代へ」

そんな言葉が聞こえてきました。熊野にて、伊弉諾尊・伊弉冉尊が、再生していたビジョンとシンクロしています。

宝玉に集まるエネルギーが高まるにつれて、ある地域の王の姿やエジプトのファラオの姿などが次々と現れ、最後にホルス神の姿へと変わっていきました。するとそれまで光が集まっていた宝玉から、今度は、光が放たれました！　松果体が解放され、再生エネルギーが発信されています！

「宝玉の目覚め」

と、声が聞こえたかと思うと、同時にホルス神が翼を大きく開きました。

「太陽の時代へ！　次の時代のゲートが、アメン神、天日鷲尊《アメノヒワシノミコト》のもとに開かれた」

アメン神とは古代エジプトの太陽神で、天日鷲尊は阿波国（昔の徳島）を開拓し、穀麻を植えて紡績の業を創始した阿波の忌部《いんべ》氏の祖神です（ｗｉｋｉｐｅｄｉａより）。

すると、背後にホルス神のエネルギーを感じて振り向くと、大空に、ホルス神が顕現しています！　さらに、鳳凰、龍神も現れ、鳳凰とドラゴン（龍神）の統合した船が太陽に向かって進んでいくビジョンも見せられました。

日本、世界の区別なく、神々が一つになり、大きな再生エネルギーを発信していました。

「宝玉が目覚め、光を３６０度に放つ」

宝玉から放たれる光に、ホルス神の翼の開きが同調し統合していきました。
「太陽のもとにハートをオープンにするとき。この太陽エネルギーをハートに宿す。
そのエネルギーをここで受け取った。眉山のこの地で。
ホルスは太陽の神、日の本日本、太陽神。
日本の創世の地で、我ら人々に照らす。穏やかになだらかに『まゆやま』から」

太陽の時代の波動と同調するために

メッセージが終わりました。無事にこの地の松果体が開いたようです。そういえば、この眉山は、龍神NIPP◯N列島の龍体の胸のあたりに位置しているようにも見えます。龍体のハートチャクラなのでしょうか。ここで太陽のご神事をしたことで、次の次元である太陽の時代に進む準備が整ったようでした。

太陽の時代とは、松果体覚醒の時代でもあります。

白山の旅でも伝えられた『**ハートを開く**』**ということが、太陽の時代＝松果体覚醒の時代に進む私たちにとって、非常に重要**であることを再び教えられました。

太陽のもとでハートを開くということは、**物事のすべてが明るみに出る**ことを表しています。**これまで隠されていたこともすべて**です。**これからそのような時代に入っていきます。**

そして、その時代に生きていく私たちは、時代の波動と同調できるようにしていくことが必要です。そうでなければ、この高い波動の波に乗っていけないからです。そのためには、これまでのご神事をとおして届けられてきた**魂の成長に大切なことを、意識して実践していくことが大切**です。

天日鷲命とホルス神

眉山山頂のご神事の後、眉山中腹にある神武天皇の銅像を訪れました。ここは、なんと、私の母が、遠足の際に何度も訪れていたという場所です。母にとっては数十年ぶりの訪問となりました。

神武天皇の銅像が存在する場は、ご神気に満ちあふれていました。銅像の左手には大きな弓

神武天皇銅像

が持たれ、そのさきに天日鷲命が止まっています。

なぜ眉山なのか。なぜホルス神なのか。その秘密がここにすべて詰まっているかのようです。

なぜなら、**ホルス神とは太陽神であり、日本では八咫烏や猿田彦神として知られる存在**です。**八咫烏も太陽神**です。そして**ホルス神は、天日鷲命でもあります。天日鷲命もまた太陽神**です。また神武天皇像そのものが天日鷲命を表しているとも言えるようです。

そしてすぐ近くには忌部《いんべ》神社があります。阿波の忌部さんといえば、ご存じの方もいらっしゃることでしょう。忌部神社の御祭神は、天日鷲命です。阿波の忌部一族は、伊勢神宮の祭祀を取り仕切っているそうです。神武天皇像の後に訪れた忌部神社で、宮司さんにお聞きして確認しました。

神武天皇の銅像の姿を見て、どことなく関羽様のビジョンと重なるのを感じました。その場で瞑想すると、ご神気の中に宇宙次元のエネルギーを感じます。

特に私自身の松果体から上が完全に宇宙と繋がっていきました。伊勢の多賀宮で出会った宇宙創造神からのエネルギーが松果体に流れ込んでいくようです。神武天皇の銅像が立つこの場所も松果体活性ができる神域であることを感じました。

富田大麻比古神社の猿田彦神

その後、明神さんとして知られる富田大麻比古神社《とみだおおまひこじんじゃ》を訪れました。ここも眉山の裾野の先にあります。

比較的広い敷地は、とても穏やかなエネルギーが流れていて、何時間でも瞑想していたいような、松果体をはじめとしたすべてのチャクラが整っていくような、そんなエネルギーが広がっていました。

実はここもミロクさんが幼少時に毎日のように遊びに来ていた神社でした。

参拝するとなんと猿田彦神が祀られていました。母も驚いています。子供の頃だったので、知らなかったそうです。

先ほどお話ししたとおり、猿田彦神は太陽神である八咫烏やホルス神と繋がっています。ホルス神といえば松果体です。この眉山の山がいかに松果体と関連している場所であるか、そしてあらゆる神々が守護しているか、ということがわかります。

そして、思いがけず、私の血の繋がりでも、この地と深い関係があることが、今回の旅でわかりました。やはり、私たちは、自分の過去世や今世のご縁のあることで、お役目をいただくことになっているのです。

徳島には、まだ訪問を予定している場があります。それは、台湾の八卦山を伝えられたときに同時に光次元から伝えられた場です。これを執筆している現在、そのタイミングはまだ決まっていません。きっとまた、然るべきときに導かれることでしょう。

今回の徳島訪問に当たって、とても強く感じていた違和感があります。それは、本には詳しくは書けないのですが、男性性の持つエネルギーのネガティブな面が強く現れた出来事でした。女性性のエネルギーのポジティブな面が強くなっている今、これまでの男性性のエネルギーとのバランスが崩れたことで、一旦壊れるという現象が現れていました。日本の再生にとって大きな役割を果たす地だからこそ、そのようなことが起きていると思えてなりません。

これから、それがどのように変わっていくのか、それは、私たちの魂の成長次第だと言えるでしょう。

光次元へ、魂の旅は続く

ここまで、数年間にわたって起こった出来事とそれに伴って起きていたエネルギーレベルの出来事を、詳細に書かせていただきました。これらのことは、私たち個人のエネルギーレベルの変容にも当てはまることです。

これまでどのような流れがあり、これからどこへ向かっていくのか、そういったことを、魂の深いところで共有していただけていたら、これほど嬉しいことはありません。

私たちの魂と日本、そして地球の『再生・浄化・昇華』は、まだ続きます。どうぞ皆一緒に、光次元へ向かう魂の旅を続けていきましょう！

第4章
あなたのドラゴンゲートを開く～
覚醒・次元上昇のために

GATE9 〈実践〉松果体覚醒・光の柱を立てる

この章からは、実践編です。あなたの『再生・浄化・昇華』を進めて、松果体覚醒や光の柱を立て、魂を成長させ、次元上昇に向かっていくために、少しでも手助けになるような情報をお届けしたいと思います。どうぞご活用ください。

実例から学ぶ（体験談）

〈素直に実践されて回復した例／Oさん〉

Oさんが初めていらっしゃったとき、心も体も疲れきっているようでした。血の気が引き、あらゆる機能が、作動していなかったり、大きな不具合を起こしてしまったりしているかのようでした。

光次元セッションで、さまざまなことを読み解いていきました。ご家族のこと、体のこと、仕事のこと。毎回、さまざまな側面から確認させていただき、時にはブロックを外したり、前世からの繋がりや課題をお伝えしたり、解決の糸口となるようなことをお伝えしたりしていました。

またヒーリングも受けられました。時間のあるときには光の柱を立てることも受けられ、相乗効果で、いらっしゃるたびにお顔の色が良くなり、発する言葉が軽やかになり、あるときご自身で「当初は、ひどかったですよね」と笑いながら振り返られました。続けて、

「あ、そういえば、前回、子供が「認めてもらいたい」という気持ちでいるから、認めてあげるような声をかけてみたらいいって言われましたよね。それやってみたんですよ。そうしたら全然変わっちゃって、自ら進んで、家のことをどんどんしてくれるようになって、もう面白くなっちゃって、もっと言ってみたら、家族の面倒までみ始めたんです。僕も言われたことやっていたら回復してきてるし、今度は今日言われたことも、早速、妻にやってみます」

と楽しそうに報告してくれました。

これを聞いて私も本当に嬉しかったのですが、ここで注目していただきたいのはOさんの素直さです。

『葬る』というパターン

私は光次元から伝えられることや見せられることを、皆さんに同じようにお伝えしています。それでも、「そんなはずはない」「でも……」と実践せず、次にいらっしゃったときに、また同じ質問をされることがあります。これは自分に都合のいい部分だけ受け取って、自分にとって不都合な部分は受け取らないというパターンです。「前回もお伝えしましたが、光次元はまた、こんなふうに伝えてきていますよ」と再びお伝えすると、「そうでしたっけ」などという答えが返ってくることもあります。

自分に実践可能な部分だけを切り取って、その部分だけ実践されることもあります。つまり、『AとBの両方が大切だと光次元が伝えてきていますよ』とお話ししたことに対して、都合の良い『Aだけ』を実践し『Bは葬る』のです（笑）。

それでは意味がありませんし、それならやらない方が良いという場合だってあります。もちろん「絶対に言うとおりにしてほしい」とは、光次元は思っていません。しかし、「葬る」ということを無意識でされている場合もあるのです。

『葬る』パターンで多いのは、自分の課題と向き合うことが必要な場合です。皆さん価値観はそれぞれに違いますが、ある人にとってはAという行為が苦手で、ある人にとってはAは得意だけれどBが苦手です。自分の苦手なものや向き合いたくないものには蓋をしたり、逃げてしまって向き合えないのです。けれどもなぜそこに悩みが生じているのかと言うと、それがその人にとっての向き合うべき課題だからです。

もう一つの『葬る』パターンとしては、思い込みということがあります。「そんなはずはない、こうに決まっている」そのような思い込みがある場合、それも執着に繋がるので波動が落ちます。「そうなのかな、そういうこともあるのかな」と、柔軟に考えることが波動を上げます。ですから必要のない思い込みは早く手放すことをお勧めします。

進化のパターン

Oさんは、迷いもあったかもしれませんが、とても素直に、光次元が伝えてくれたことを実践されました。それは結果的に、ご自身だけでなく、周囲の人々の進化も促していきました。

まず、素直に実践することで、自分自身の波動が上がりました。そして『思い込みなどに振り回されず素直に実践するとポジティブな変容がある』というパターンを得ました。ある種の悟りであり、覚醒です。そうやって自分自身が進化し、周囲の人もOさんからの声掛けをきっかけに進化していきました。するとさらに、Oさんには、良い波動が戻ってきます。波動は循環します。

次にOさんがお越しくださったときには、こんなご報告をいただきました。

「妻に対して教えてくれたことを、またすぐに実践してみたら、妻だけじゃなく、他の家族関係も全部良くなっちゃって、普段はやらないSNSに、思わず、幸せだなぁ〜って書き込んじゃいました」

どんどん良い波動が広がっています。

自分を見つめることは、とても労力のいることですし、時には、傷つくこともあるでしょう。それでもそこに向き合っていくことは、覚醒への大切な一歩なのです。

✦〈松果体を開き、見えたり感じたりするようになった例／Tさん〉

「見えないものを見たり感じたりできるようになりたい。」Tさんは、初めから明確に、ご希望を持っていました。それは現在のご職業に関係していて「その能力を震災で亡くなった方々のため、ご遺族のために使いたい」と思われていました。

松果体が覚醒すると、第六感的な力も目覚めます。Tさんは、そのことを期待して、私の『松果体の覚醒のためのワークやセッション』を受けられました。

もともと頭をよく使われるタイプの方のようで、脳ストレスをためやすく、感じ取ることが得意ではないようでした。しかし、『人のために』という想いの強さがあり、Tさんの脳や松果体は、私が行うエネルギーワークに素直に反応してくれていました。

あるとき、Tさんの松果体は花を開かせました。紺色に近い紫のような色の花でした。その次の段階では、今度は神聖幾何学のような形の花になりました。花がどんどん進化しているのを感じました。Tさんから嬉しい報告があったのは、確かその頃のことです。不思議な体験をしたり、見えないはずのものが見えたりしたとおっしゃるのです。それも一度のことではなく何度か体験されたということでした。

その頃にはTさんの脳ストレスも、最初の頃ほど感じなくなっていたので、感じ取ることがもともと得意でなくても、松果体が開くとやはりこういう力が発揮できるのだなと感心していました。

進化は続く

しかし、次にいらっしゃったときには、「もっともっと、という気持ちが強くなって見えなくなってしまいました」と言われました。

これはとても大事な学びです。「もっと」と思う気持ちはとてもよくわかるのですが、それは執着にもなります。執着をすると波動が下がります。松果体が開いたり、覚醒したりするということは、波動が上がることです。一方で波動を上げても、もう一方で波動を下げてしまっては元も子もありません。

この頃のTさんの松果体の状態は、それでも進化を続けていました。一度高い次元まで上がっていたので、短期的にもそれほど大きく下がることはなく、また長期的に見ても次の進化に向けて準備をしているようでした。光次元からは「次の進化の段階に入っている」と告げられました。

私たちの次元上昇プロセスにおいて、『再生・浄化・昇華』があるというのは、すでにお伝えしましたが、一度昇華をしても、また次の再生や浄化がやってきて、より進化していきます。松果体の覚醒も、次元上昇プロセスの中に組み込まれていることの一つなので、同じことが言えます。

何か一つを手放したら、私たちは進化します。すると次の課題がやってきて、それを手放すことを促そうとします。そのときに、ひとつ前の進化（つまり、Tさんの場合は、見えないはずのものが見えたりするようになったこと）に執着してしまうと先に進めません。ひとつ前の進化は一旦忘れて、楽な気持ちで今の課題に臨むことが大事です。

今、Tさんは、新たな課題克服のために、光次元からのアドバイスを実践されているところです。初めてTさんにお会いしたときに『もともと頭をよく使われるタイプの方』と感じたその部分に、改めて向き合い手放そうとされています。それは、『顕在意識の強さを手放す』ということと、『軽やかになる』ということです。

純度100%で繋がるために

後者の『軽やかになる』ということについて、もう少し書き添えておきたいと思います。

Tさんは、優しさや、なんとかしたいという気持ちで、事件や事故に巻き込まれてしまった方のことを思い、そのことを思い詰めてしまっていました。それは、重さとなってTさんの感覚をより鈍らせてしまう原因となりました。

Tさんについて、はじめに「『人のために』という想いの強さがある」ということをお話ししましたが、これは、物事を前に推し進める力がある反面、行き過ぎると重さとなって、身動きが取れなくなってしまうことがあります。

重さは、光次元との繋がりを鈍らせます。軽やかさは、光次元との繋がりを太くします。

思い詰めると、そこにはエゴが入ります。重さが出るということです。そうすると、光次元には繋がりません。もし繋がっても、光次元ではないところ（低次元など）に繋がってしまうか、光次元に繋がったとしても純度が落ちます。純度が落ちるということは、正確な情報を受け取れないということです。

私も、セッションのときに、そのことをいつも大切にして、純度100％で繋がれるように心がけています。

光次元のシリウスの存在は、感情をうまく手放して進化していきました（巻末の物語に詳細があります）。プラチナドラゴン（白金龍神）も「寄り添うことは大切。でも寄り添いすぎてはいけない」と伝えています。ですから、いつも軽やかで中庸にあることが、光次元と繋がるときの望ましい姿です。

Tさんも、ここを克服されたとき、最初の進化とは比べ物にならないほどの大きな進化を手にされることでしょう。

この原稿を書き終えた後、Tさんは、執着を手放すことができたと報告してくれました。

「すでに、これまでは感じられなかったものを感じられるようになっているじゃないか。その能力で役立ちたいと思っていたけれど、それさえも執着ではないか」というふうに思えたそうです。

自分の役目に制限をかけていたことに気がつかれたのです。このことは、本人が気づく前に第三者がアドバイスしても、なかなか納得できるものではありません。このようなブロックがはずれる度、私たちは進化し、本来の自分を生きられるようになります。

この後、また報告をいただきました。

「思いがけないことで助けを必要としている人に遭遇するようになりました。それは、普通では考えられないようなシチュエーションで起こるのです。人の役に立ちたいと思っていたら、そのような形で実現しています」

✦〈体が変わった例／Yさん〉

原因不明といわれる体の不調の多くは、自律神経の不具合によるものです。では自律神経の不具合がどこから来ているのかと言うと、過去世から持ってきたものが原因である場合もあれば、今世に原因がある場合もあります。

Yさんは、私のスタジオで光次元ヨガに通われて、体が変わりました。

光次元ヨガとは、私がインストラクターとして開催している光次元から教えられたオリジナルのヨガです。10年以上前に、私の中に眠っていたさまざまな能力が目覚め始めた頃、光次元から心や体を解放していくメソッドが届けられました。

光次元から教えられるとおりに体を動かして呼吸をすると、深い瞑想状態に入り、ますます自分の中の能力が目覚め、心や体も癒され、どんどん元気になっていくのを感じました。

『**自分の中の能力**』**というのは、人間誰しもが持っている能力**です。それが目覚め、しかも心も体も癒される、なんて素晴らしいのでしょう！「みんながこれをすれば、多くの人が目覚めていく！」そう感動した私は、これを広めていくことにしました。そして始まったのが光次元ヨガです。

Yさんは、腰痛を持っていました。また一見してすぐにわかるほど肩が内側に入った、強い猫背でした。それがヨガを始めていくうちにどんどん腰痛が解消され、猫背も治っていきました。ぱっと見てすぐに特徴として目に入っていた姿勢の悪さが、今ではほとんど感じません。

見た目でこれほどの変化が出たのは、体だけでなく、心やチャクラも一緒に整えることで、自律神経が整ってきたことが、大きな理由でしょう。Yさんの体験談をご紹介します。

この体験談を読んで、あなたに必要だと感じられたら、この後の『ワークを活用する』のところで、光次元ヨガで行っているいくつかの簡単な方法をご紹介していますので、ぜひ行ってみてください。

Yさん体験談・1

2年前から、週1回のヨガ教室に通い始めました。こちらに通い始めた頃は、常に緊張していて人目が気になり、いつも心が不安定な状態。体も、仕事柄、無理をする姿勢が多く、体のバランスを崩していました。腰痛持ちでした。

ヨガに通い始めた当初、同じクラスで1年以上通われている方に、

「いつも不安なんです」
とお話しすると
「光次元ヨガを続けると心が整い、不安も消えていきますよ」
そのようなことを伺っても半信半疑でした。

しかし、毎回心の状態を龍依《ろい》さんが的確に伝えてくださり、それが本当にいつもそのとおりで、さらにその心の不安などを、呼吸や体の動きをとおして、手放して軽くしていくアドバイスをいただき……ヨガの時間後は毎回心がスッキリ軽くなりました。

それでも、数日経つと、また心が重くはなりますが、またヨガの時間をとおして自分と向き合うことを続けてみて……2年経った今は明らかに大きな変化を感じています。


まず、腰痛がほとんどなくなりました。たまに、腰の違和感を感じてもヨガの時間後はベストな体の状態に。

また、心の中がとても落ち着く時間が圧倒的に増えました。人目を気にして他人軸だったことが不安定な心だったんだと気づきました。

ヨガの後の穏やかで落ちついた心を思い出し、深呼吸するとザワザワした心も落ちつくように変化。まるで、いつもむき出しだった心が、今は柔らかなベールをまとっているかのようです。

「今、この瞬間」「深呼吸」「思考を手放す」「ちょうどいいところ（自分にとっての心地よさ）」（※）

ヨガを始めてから、これらのことを日常でも自然と心がけるようになりました。

今は、不安や恐れよりも、喜びの時間と落ちついたフラットな感覚、穏やかな安心感でいることがすごく増えました。私が私として生きていてよかったなーとしみじみ思います。

本当にありがとうございます。

※「今、この瞬間に意識を向けること」「長く息を吐くこと」「体の声を聴いて自分にとってちょうどよいところを意識すること」などを、龍依が促してレッスンを行っていきます。

Yさんから、4年後にまた感想をいただきました。

Yさん体験談・2

ヨガに通い始めてから6年近くになります。

通い始めた頃は姿勢がとても悪く、体の痛みで歩くこともままならないほどでした。

6年前は大きな悩みで頭がいっぱいだったので自律神経が不具合を起こして体の痛みを引き起こしていたのだと思います。

しかし今では姿勢も良くなり、2018年からマラソンを始めて10キロ完走できるほど変化しました。

6年前に比べて歳は取っても体は3倍くらい元気になったと感じています。

また心の方も大きく変化したのを感じます。

子供ができないことで深く悩み、周りと比べて不安と焦りでいっぱいだった心から、今ではやりたかったことに出会い、とても充実した日々の中で穏やかさと安心感が広がる心へと変化しました。

今でも時々、日々の忙しさから焦りを感じたりはしますが、以前に比べると十分の一くらいになったと思います。

また、そんなときの対処法も光次元ヨガでは教えていただけるので安心です。対処法はどこでも実践できることなので気づいたら心の中で繰り返し行いました。

日々の変化は薄皮を剝《む》くように小さなものでしたが、その小さな積み重ねが今では大きな変化になったことを実感しています。

✦〈覚醒を繰り返し、使命を思い出した例／ミロク・エンジェルさん〉

これは私の母（ミロク・エンジェル）のお話です。

今から10年以上前のこと、私のヒプノセラピーを受けてくれました。母はもともと霊感が強い体質でしたが、人の死がわかってしまうことがあり、それがいやで、あるときからその体質を封印していました。その影響からか、初めてのときは「真っ暗で何も見えない」と言い、時間ばかりが過ぎてしまうので途中で諦めました。

私のヒプノセラピーでは、これまで、何も見えないということは起きたことがありません。これが何も見えなかった唯一の例です。でも実際は、何も見えてなかったのではなく、ちゃんと見えていたのです。このときにはミロクさんはそのことに気づかず、後に気づくことになります。このときは、親子であることが、甘えという悪い方に働いてしまい、感じていたものを正しく感じ取れなかったのでしょう。

時々こんなことを耳にします。「龍依先生に言われたことを、子供に指摘されたことがあります。でも素直に聞くことができませんでした」この『素直さ』というのも、覚醒するためには、重要な要素です。

ミロクさんも、今では、「あのときは龍依のやり方が下手なのだと思ってたけれど、そうじゃなかったの」と笑いながら話しています（笑）。

そのうち、私自身のチャネリング能力があがり、光次元セッションを始めました。光次元セッションでは、人の前世もチャネリングしていました。ミロクさんは、「自分の前世を知りたい」ということで、今度は光次元セッションを受けました。

ヒプノセラピーはクライアント本人が前世の世界を感じ取っていきますが、光次元セッションは、私が前世を読み取っていきます。ですから「ヒプノセラピーは苦手」と感じていたミロクさんにとって、光次元セッションは、より手軽な方法だったのです。

ヒプノセラピーと光次元セッション

余談ですが、「私はヒプノセラピーと光次元セッションのどちらを受けたら良いでしょうか？」という質問をいただくことがあります。

ヒプノセラピーは自分の潜在意識を使って前世を確認していきます。『潜在意識を使う』とは、簡単に言えば、感じ取っていくこと。ですから、普段、『感じ取る』のではなく、『頭で考える』ことに比重を置かれている方は、潜在意識を使うことが苦手な方が多いのです。誰しも、自分が苦手なことをすると、とても疲労感を感じます。ヒプノセラピーを受けたことがある方の中に、ヒプノセラピーは疲れるという感想を持つ方がいらっしゃるのは、それが理由の一つです。でも、感じるという感覚は、これから本格的にやってくる宇宙時代に向けてとても大切な人間の能力の一つです。いつまでも苦手と言わずに、感じる能力を養っていくことも大切です。ですから訓練の意味でヒプノセラピーを受けるのも良いと思います。

一方、光次元セッションは、私がクライアントの方の前世をチャネリングによって確認していきます。そのときに光次元からのアドバイスなどがあればそれも合わせてお伝えしていきます。クライアントの方はそれを聞くだけです。でもその話を聞いて訳もなく涙が流れたり、とても腑に落ちたりする方がいらっしゃいます。なぜなら、魂の記憶を刺激するからです。感じ取ることが苦手でも、とにかく自分のブロックを外したい、なぜこんな心の癖があるのか知りたい、光次元からのアドバイスが欲しい、といった方には光次元セッションが良いかもしれません。ヒプノセラピーでも光次元からのアドバイスを受け取ることは可能ですが、純度100%で受け取れるかどうかというのは、その方の状態にもよります。

前世でのブロック外しで覚醒

話を戻します。光次元セッションで確認できた前世の一つに、琉球王国での前世がありました。ミロクさんは、国王の側近で、私の教育係でもありました。私は皇太子のような立場でした。ミロクさんは間違ったことや不正を正すことに一役買っていました。権力争いのようなことが頻繁に起こる時代に、不正を正される側にとっては、ミロクさんは目の上のたんこぶです。

あるとき、ミロクさんを疎《うと》ましく思っている人々に陥《おとしい》れられて流刑になりました。そのチャネリングをしている最中、ミロクさんが言いました。

「見えてきた！」

私がチャネリングで見ていたビジョンと同じものが突然見え出したと言うのです。これは『共感作用』という現象です。チャネリングしている人のエネルギー波動に同調（共感）することで、同じビジョンをその人も受け取るのです。これは感じる能力がある程度発達している方に起きやすい現象です。

この現象によって、ミロクさんは、この前世のその後を、すべて自分で体感していきました。今世で抱いていた違和感や不安感、強い疑問が腑に落ち、自然と涙が流れ落ち、そのときに溜めてしまっていた憤りを浄化していくことができました。また、自分の個性についてもはっきりと確認することができました。それによって、一つの大きなブロックが外れました。

これは覚醒の一つの形です。

体や心の癖の解放で覚醒

その頃、私が始めていたヨガのレッスンも、ミロクさんは、毎週受けるようになりました。ヨガのレッスンでミロクさんが手に入れたのは、『体や心の癖の解放』でした。ミロクさんは次のような体の癖を持っていました。

・体に力が入りやすい
・息を止めていることがある
・ゆっくりとした動作が苦手

こういったことは、ヨガだけでなく光次元セッションでも、私はご指摘させていただいていますが、ヨガをすることで、そのことを自分自身で実感として気づくことができ、手放すこともできるのです。

また、光次元ヨガでは、チャクラの状態や心の状態もそれぞれにチャネリングしていき、その人に合った手放し方やエネルギーアップの方法を簡潔にお伝えしています。それによって、自分の考え方が良い方向に変わったり、体の状態が整ったりしていくのです。

ミロクさんも、ヨガを続けることで、自分の体の癖や心の癖をより解放されていきました。体や心のポジティブな変容を得ることも、もちろん覚醒です。

心のポジティブな変容の例として、自分でも「憤りを感じたときにより早く手放すようになった」と感じられているようです。憤りや怒りは、持てば持つほど波動を落としていきます。

一方で、次元が高まり波動が上がってくると、波動を落とす行動から自然と離れるようになります。だから、憤りや怒りをより早く手放せるということは、次元が上がっている証拠なのです。

その後、私が光の柱を立てることや、松果体を覚醒させるためのワークを始めると、ミロクさんもそれに参加するようになりました。それに伴って、封印していたはずの『見えないものを感じ取る能力』がミロクさんに蘇ってくるようになっていきました。

例えば、光の柱を立てるワークでは、龍神や鳳凰がさまざまなビジョンを持って現れたり、松果体ワークでは、その日に用意されていたワークの続き（次回に行う予定だった内容）がダウンロードされたりしていました。

松果体も、あるとき芽が出て、それが育ち、ついに花が開きました。落ち込むことがあると、それに合わせて花は萎《しお》れ、原因を手放せると、花は、また元気になっていきました。

松果体活性や光の柱で覚醒

2019年7月の松果体覚醒ワークでのことです。ミロクさんはワークの最中に涙をぽろぽろとこぼしていました。それは喜びの涙でした。今まで、あまり受け入れきれてなかった自分の使命を、はっきりと確信し、受け入れることができたからです。

それまでも、なんとなく感じてはいましたが、どこか「そんなことは無理」「違うんじゃないか」という気持ちが拭いきれなかったそうです。しかし、その日行った神聖幾何学ワークの最中に、突然、使命が腑に落ち、理解できたのだそうです。

「真っ暗で何も見えなかった」という10年以上前のヒプノセラピー。その場面が蘇り、「自分の能力で、地球に貢献したい！　人の役に立ちたい！」と思って、地球を宇宙から眺めていた、そのときの記憶だったということに気づいたのです。

そして、自分の能力というのは、「人が自分で気づいていないところに焦点を当てる」「人が自分自身と向き合うための大事なことを解き明かす」というもので、その能力で「人々の次元上昇に貢献する」そう思って地球に降りてきたことも、はっきりとわかったそうです。

そして、「私、覚醒した！」ワーク直後に、確信に満ちていました。迷いなく、「覚醒した！」とはっきりと口に出せることは、そのこと自体がまさに大きな覚醒です。

自分の使命については、皆、なんとなく理解していたり、「でも、本当かしら？」と疑いを持っていたりして、なかなか前に進めない人が多いようです。実際、私自身もその一人でした。今でこそ、こういったことを仕事にさせていただいていますが、最初は、断り続けていました。それを後ろからサポートしたのも、やはりミロクさんでした。「人が自分で気づいていないところに焦点を当てる」という使命の一つを、自然と行ってくれていたのです。

松果体活性や光の柱を立てていったことによって覚醒が速まったとミロクさんは感じているそうです。

このようにして、私たちは、小さな覚醒や大きな覚醒を繰り返しながら、自分の使命に気づいたり、使命を全うする道を歩んだりしていくことができます。

そして今、それほど時間をかけなくても覚醒できる、そういう波がやってきているタイミングです。

この後にご紹介したワークを活用されて、この大きな波にぜひ乗っていただきたいと思っています。

今回、ミロクさんの松果体覚醒体験や次元上昇体験について、掻《か》い摘《つま》んでご紹介させていただきましたが、より多くの方に松果体覚醒や次元上昇について、ご理解いただきたいと思い、そのための本を出版しました。

ミロクさんの体験した具体的なエピソードとともに、松果体覚醒や次元上昇について必要なこと、大切なこと、どうやって覚醒したのか、といったことを楽しく、わかりやすく読んでいただけると思いますので、どうぞお読みください（ミロク・エンジェル著『松果体覚醒体験　両手いっぱい花束を』／STUDIO FUMI 刊　www.hypnostudio.net）。

ワークを活用する

〈音〉

松果体を活性するための方法として、シリウスをはじめとした光次元宇宙から、いくつかの方法が届けられているのですが、音を使うことも、真っ先に教えられた方法の一つです。

宇宙にはあらゆる音があります。素晴らしい音楽も聞こえてきます。宇宙から光次元の音楽が降りてくるとき、そこに豊かな光や愛を感じます。とても波動が高く心地よさを届けてくれます。そして私たち人間の波動に影響を与えます。ですから音は自分の波動を上げるためにとても重要なツールの一つです。

言い換えると、私たちは音や音楽によって、勇気や生きる力をもらったり、優しい気持ちになれたりします。同じように音や音楽で気持ちが荒々しくなったりハートをざわつかせたりすることもあります。ですから自分の耳に入る音や音楽を意識して選択することをお勧めします。

そして音楽には周波数というものがあります。その周波数によって、より影響を与えやすいテーマがあります。例えば、よりハートを開きやすい周波数。自律神経が整いやすい周波数。自己治癒力が働きやすい周波数。松果体が覚醒しやすい周波数、などです。

あるとき、私の元に、シリウス星系などの光次元宇宙から音楽がダウンロードされてきました。それはまるで宇宙の中で素晴らしいシンフォニーを聴いているようでした。耳だけでなく体中からその音楽が響き渡ってきました。体の表面にある毛穴よりもっと小さな穴から、高いエネルギー波動が供給され細胞のひとつひとつを再生・浄化・昇華されていくような感じでした。

同時に歌も聞こえてきました。私たちの遠い祖先が祈りを込めて歌っていました。また宇宙の友人たちからエールのように歌声が届きました。その歌声の波動はもちろん、言霊《ことだま》の力も高い波動となって私たちの振動数を上げてくれます。

私は、そうやって届けられた音楽でCDを制作しました。これは先ほど述べた周波数も適用したセラピーミュージックCDです。

実際に届けられた音楽を元に制作を進めていたとき、周波数の違いによって歌っているときの心地よさが全く違うことにも気づきました。もともとモーツァルトの時代にはその周波数が使われていたそうです。それが現代の音楽では使われなくなり、別の周波数になってしまいました。

2つの周波数で曲を作ってそれぞれで歌を歌ってみると波動が全く違うのです。モーツァルトの時代の周波数は本当に心地よく自分のハートの豊かさが歌えば歌うほどどんどん増してくるようでした。この周波数は魂の祖先であるリラの星の周波数でもあるということを、光次元から教えられました。これは怒り・不安・悲しみ、など、あらゆる不要なものから私たちを解放し、愛で満たしてくれる周波数です。

それ以外にも、自律神経を整えてDNAの修復を促してくれる周波数や、松果体活性と覚醒を促す周波数のバージョンも収録しています。

このCDは、光次元宇宙のポータルの名前をとって、B Sirius（ビーシリウス）と名付けています。とても好評をいただいているので、よかったら、あなたの心・体・魂を癒して覚醒させるためのサポートの一つとして、ぜひ活用してください。

また、松果体を覚醒する方法の一つとして、自然の中で音を聞くこともとてもお勧めです。

実際に私の松果体覚醒ワークでは、それを取り入れたワークもあります。ワークは室内で行うので、自然の中の波動の非常に高い場所を選んで、その自然の音を特殊な録音方法で録音し、特殊な機器で再生しています。そうすると、耳では聞き取れないような超音波まで体に響いていき、松果体が活性していくのです。これも光次元宇宙から教えられた方法です。

とてもパワフルで、多くの方がこの音の効果を実感されていらっしゃいます。例えば、音の波動が、直接松果体に働き、振動数を上げてくれているのを感じ取ったり、音を聞いた途端に松果体のスイッチが入ったように活性しているのがわかったりといった具合です。

松果体だけではなく、心や体の治癒にも大きなサポートを発揮してくれます。ワークの中では、大きな音で長時間流していきます。初めてこのワークを体験してくださった方が、次のように話してくれました。

その方は、ご病気のために大きな音が受け付けられなくなっていました。ですから大きな音が響いてきたとき、残念だけれど会場をすぐに出なければならないと思ったそうです。「でも不思議なことに最後まで聞いていられました！」とお話ししてくれました。その上、帰宅後には、頭から不要なものがたくさん排出されているのに気づいたそうです。

私たちはちょっと頭が痛かったり風邪で体調を崩すだけでも、大きな音を聴いていられない、ということがあると思います。それは弱っている体に追い討ちをかけるような音だからです。体に良い影響を与えてくれたり、波動を高めてくれるような音であれば、むしろ、体はその音を欲するのです。

森の中に入ったり、海岸で波の音を聞いたりすることでワークで聞いていただいている音に近い影響を受け取ることができます。

私たちが、自然の中に行きたくなるのには、無意識に感じ取っている音のエネルギーを欲しているということもあるのです。

ワークと違って長時間自然の中で過ごして聞くということは、難しいかもしれませんが、できるだけ時間を取ってみてください。

『ただ自然の音に耳を傾ける。』それは現代人の私たちにとっては非常に贅沢な時間でもあります。でも、その時間を取れるということ自体で、すでに、あなたの癒しは始まっています。あなたの心や体、脳などのストレスを取るために、自然の音に、耳も体も傾けていきましょう！

また、菊理媛《ククリヒメ》が太鼓を打ち鳴らした話を書かせていただきましたが、太鼓の音も覚醒に非常に大事なことのひとつです。お祭りで太鼓の音に耳を傾けたり、自分で叩く機会があればぜひ叩いてその音を体いっぱいに感じてみてください。例えば一つ叩くたびに自分の中の執着やいやなことが手放されていったり、浄化されていったりする、そういうことを具体的にイメージして活用されると良いと思います。

◆〈瞑想〉

『瞑想』と聞いて、「うわ〜、苦手だ〜」と、思った方がいたら、たった今からその認識を変えていただきたいと思います。

苦手だと感じる方の多くは、「すぐに眠ってしまうから」、「じっとしていられないから」「雑念が入って集中できないから」と思っていらっしゃるようです。瞑想は長時間するものだと思っていませんか？　もちろん長時間行ってもいいのですが、短い時間でも十分可能です。たった一秒でも可能です。瞑想の本質をわかっていれば、時間は関係ないのです。

1秒瞑想

ではまず、たった1秒の瞑想を行っていきましょう。

できるだけリラックスできる姿勢で座りましょう。そして口から大きく息をハーッと吐き出します。

そのとき同時に、体に入っていた力を手放します。肩の力や握りしめていた拳、足の力など、体中のあらゆるところに入っていた力を手放そうとしてみてください。

この息を吐くという行為でおよそ1秒。これで瞑想が終わりです。

慣れてきたら、頭の中で考えていたことや悩み、心配事、この後しなければいけないこと、そういったことをすべて頭から外に出していくイメージで行います。

体の力と頭の中のものを、吐く息とともに手放します。

さらに慣れてきたら、心の中で抱えている気持ちも吐く息とともに一緒に手放します。

もし、落ち込んだ気分や悲しみ、怒り、焦り、寂しさ、そんなネガティブな気分があっても、それをハートから吐き出します。ポジティブな気分で満たされている場合でも一旦吐き出してフラット（中庸）に戻ることはとても良いことです。

することは増えましたが、これも吐くという行為でおよそ1秒。瞑想は終わりです。

たったこれだけです。これでも、するのとしないのとでは、大きな差が生まれます。1秒なんてあっという間だと感じる方は、ぜひ、2秒、3秒……と吐く時間を長くしましょう。

体が解放されたり、頭が解放されたり、心が解放されること、それが瞑想ではとても大切です。ですからこのたった1秒で、あらゆることから解放されるように、さあ！　大きく息を吐いていきましょう。

光を感じる瞑想

今度は、もう少しだけ長く行っていきます。

楽な姿勢で目を閉じます。目を閉じるのに不安がある方は、ぼんやりと薄目を開けてもＯＫです。視線は床や地面の方に落としておきましょう。

ここからは想像です。

あなたのもとに癒しの光が届いているのをイメージしていきましょう。宇宙からの癒しの光が、後から後から、あなたの頭上から降りてきます。光はあなたを包み込んで、あなたはその光の中でとっても安心しています。なぜなら愛の光だから。あなたは守られています。愛の光に守られている安心感を感じていきましょう（想像するのが苦手な方は、実際に太陽の光が感じられるような場所にいると良いでしょう）。

これで終わりです。

このとき本当に安心感を感じるのが大事です。あなた自身が、宇宙からの癒しのエネルギーに包まれているのを想像すると、ホッと安心できたり、体の力が抜けてリラックスできたりしませんか？　その感覚を十分に感じていくのです。

時間は、10秒でも1分でも10分でも構いません。自分のペースに合わせて行えばＯＫです。そのときに一瞬でもいいので、光に包まれたときの感覚をしっかりと感じてください。その感覚が心地よければ、きっと自然と、時間が長くなるでしょう。

そしてその感覚が、沸点に達すると、あなた自身が完全に満たされていきます。そして、自然とその光を他の人にも届けたくなります。そうなったら次の段階です。光を広げる瞑想を行いましょう。個人差があるので、十分に自分が満たされてから、次を行うようにしましょう。

光を広げる瞑想

やり方は、光を感じる瞑想と途中まで同じです。

自分に光が降り注ぎ、光に包まれ、満たされたら、今度は光があなたの周囲に広がっていくのを想像します。

まずは、家族や親戚など、あなたの身近な人から。その人々にあなた同様、光が降り注ぎ、彼らが光に包み込まれていきます。イメージすることで、その人々に光を贈るのです。

そして皆その光の中で、とっても安心していたり、リラックスしていたりする様子をイメージしていきます。

すると、あなた自身も、嬉しい気持ちになりませんか？　その嬉しい気持ちや、幸せな気持ちを、味わいましょう。

今度はその枠をもう少し大きくしていきます。あなたの職場の人や、学校の人、あるいは地域の人、そういった方々に光が降り注ぎ、彼らが光に包み込まれているのをイメージしていきます。

そしてまた、みんながその光の中で、安心している様子、リラックスしている様子をイメージしていきます。それを見て感じる嬉しい気持ちや幸せな気持ちを味わいましょう。

同じようにして少しずつ広げていきます。日本中のすべての人に、世界中のすべての人に、生きとし生けるものすべてに、万物に。そうやって光を広げていきます。

大事なことは、本当に安心感を得たり、リラックスした気持ちになったり、幸せな気持ちになったりすることです。

これはエネルギーレベルであなたが光を贈り届けていることになりますから、あなたの身近な人から、万物にまで、光を贈ることができるのです。

そして光は循環するので、その光がまたあなたに戻ります。するとあなたの光がさらに大きくなって、その大きくなった光をまた周囲に贈り届けることができるのです。

こうして世界の次元上昇にも、あなたは一役買うことができます。

✦〈神聖幾何学を使った次元上昇ワーク〉

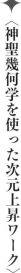

正八面体

リラの王女は、巫女的な役割を行う際、ある図形を使って、自分自身の波動を高めています。正八面体です。

この神聖幾何学を用いるワークをいくつか教えられています。中でも、私がワークショップで必ずと言っていいほど取り入れている方法をお伝えしたいと思います。

これは座っていても立っていても、横になった姿勢でもできます。私のワークショップでは、誘導瞑想の形でこれを取り入れています。皆さんが個々にされる場合には、以下にお伝えする内容を、一つずつイメージされながら行ってください。

①自分の前と後ろそして左右に4柱の龍神が存在しているのをイメージしましょう。龍神それぞれからあなたにエネルギーが届きます。あなた自身が龍神のエネルギーを受け取っているのをまずイメージしましょう。

②次に、その龍神同士のエネルギーが繋がってあなたの周りで正方形を作ります。そのエネルギーもまた、あなたに届いています。

③あなたの頭上に鳳凰が現れます。鳳凰からあなたにエネルギーが届きます。そして鳳凰と4柱の龍神もエネルギーで繋がり、ピラミッドの形になって、あなたを包み込んでいます。

④鳳凰とあなたを挟んでちょうど相対する真下の位置に、新しい地球のエネルギーがあります。新しい地球とは、次元の上がった光次元の地球です。新生地球から、あなたにまっすぐエネルギーが届きます。そして新生地球と4柱の龍神がエネルギーで繋がり、逆ピラミッドの形になってあなたを包み込んでいます。

⑤天と地の方向にピラミッドが完成しました。正八面体です。これは、あなたを守護したり、エネルギーを整えパワーアップさせたり、ぶれない軸を作ったり、中庸に戻ったりするのにとても役立ちます。この中で、松果体に意識を向ければ松果体を活性することもできます。ハートや丹田も同様です。とても良いエネルギースポットを作り出してくれるので、瞑想の際にこれをイメージしても良いです。できるだけ軸を保った姿勢で行うのが、エネルギーを受け取りやすくなるコツです。

新生地球のエネルギーと繋がるときに大切なことは、これまでの旧式の地球のエネルギーと繋がるのではないということです。旧式の地球とは、愛の少ない世界のことです。旧式の地球が嫌で、地球のエネルギーと繋がろうとしない方がいます。あなたが繋がるのは、愛に満ちた新しい地球のエネルギーだということを忘れないでください。

この正八面体はさまざまな応用ができます。宇宙エネルギーをしっかりと受け取るサポートのために、上下のピラミッドの位置を逆にして、頂点を重ねて砂時計のような形にして用いることもあります。リラの王女も、ご神事を行う際に、額にその図形の装飾をして、宇宙エネルギーを受け取りやすくして、波動を高めていたようです。

菊理《ククリ》神聖幾何学

この本の中でも何度も登場した菊理神聖幾何学についてご紹介します。

◯は、菊理媛《ククリヒメ》を表します。中央とその外側に丸を描き、それをクロス十字で繋ぎます。もう一つのクロス十字を45度回転させます。これが菊理神聖幾何学の基本形です。

クロス十字は光を表し、縦の軸は、天と地や正中線、横の軸は、繋がりや解放を表します。縦軸が自分軸、横軸が利他軸でもあります。斜めの軸は、翼や広がり、宇宙の動きも表します。◯はエネルギーも表し、真ん中の◯は統合も表します。また、∞（無限大）の意味も隠れています。

令和は、〇と〇で無限大に広がる宇宙の時代であり、〇が重なって統合の時代でもあるとお伝えしましたが、それを表すのが、まさに、この菊理神聖幾何学です。令和の時代の神聖幾何学といっても過言ではありません。

菊理神聖幾何学に、松果体やハート、丹田を開くのに必要な要素がギュッと詰まっているので、これをそれぞれの箇所でイメージすることで、活性や覚醒の大きなサポートになります。この形は、宇宙に無数にある太陽系の動きとも連動しています。イメージのサポートに、この本の表紙にもなっている菊理神聖幾何学をどうぞお使いください。

イメージの発展系の方法としては、菊理神聖幾何学を、立体にイメージする方法もあります。

①真ん中の球体を活性したい箇所にフィットさせます。松果体なら松果体に、あるいは、第三の目に、球体を持っていきます。
②そしてその球が微細に回って振動しているのをイメージしていきます。
③そこから天地、前後、左右、斜めに、光が発していきます。
④エネルギーが高まって広がり、もう一つの球体が、真ん中の球体の外に現れます。この球もまた、微細に回って振動していきます。

さらに発展系もありますが、文章で説明するには、以上がわかりやすいイメージになると思います。

また、基本のイメージをもとに、縦の軸のイメージを強めて、自分軸をぶれない軸に成長させたり、横の軸のイメージを強めて、人間関係を豊かなものにしたり、と応用して使っていくことができます。

菊理神聖幾何学が、初めて菊理媛から降りてきたとき、この形のチャームを作るように菊理媛やサナトクマラたちから言われていました。今ご説明したように、非常にパワフルな神聖幾何学なので、この形を身につけるだけでも、松果体やハートや丹田の活性と覚醒、そして次元の上昇への大きなサポートになるからだそうです。今回ようやく、それが完成しました。このチャームは、形と素材の波動にこだわって制作しているので、非常にパワフルです。お一人ずつ、カスタマイズや調整も行ってお届けしますので、必要と思われる方は、ぜひ、日常に身につけていただきたいと思います（巻末に掲載）。

✦〈チャクラを整えゲートを開くワーク～光次元ヨガより〉

正中線・中心軸を整えるための2つの簡単な方法

ドラゴンゲートを開くためにも、チャクラを整えることは大切です。人間の体のチャクラの主なものは7つあり、松果体も第6チャクラに当たります。チャクラは連動しているので、松果体を開くためには、第6チャクラだけでなく、それ以外のチャクラも整えて開いていくことが大切です。また、各チャクラを繋いだラインにある正中線（中心軸）も、自分の中に光の柱を立てていくためにも、同様に大切です。

そのためにここでは、正中線（中心軸）と、そこに連動するチャクラを活性し、ゲートを開いていくためのサポートとなるワークをお伝えしたいと思います。

一つ目は、座っていても立っていてもできます。

両手を胸の前で合わせて、息を吐きながら手のひら同士で押し合います。息は、できるだけ長く吐きましょう。息を吐ききったら、吸いながら両手を離して、もう一度手のひら同士で押し合います。体が丸まらないように、無理のない力で押し合いましょう。

ポイントは3つです。①息をできるだけ長く吐くこと。②その間に、両手のひらを押し合うこと。③押し合っている最中にあなたの正中線（中心軸）を意識することです。

また、各チャクラの前で手を合わせて、①②を行い、各チャクラに意識を向けると、チャクラのエネルギーを強められます。各チャクラに意識を向けるときに、先ほどご紹介した菊理《ククリ》神聖幾何学を、イメージしていくと良いでしょう。

もう一つは、立って行います。

肩幅に足を開いて立ちます。できるだけ良い姿勢で立ちましょう。かかとを軽く上げ、吐く息とともにストンと下ろします。力も一緒に抜きましょう。

かかとが下りた瞬間に、体全体に振動が響くと思います。このとき、あなたの中心軸が杭を打ち込むように、地球に降りていくイメージをもちましょう。

これらは、自律神経を整えたり、心を整えたりすることにもオススメです。著書『ドラゴンライダー』（ヒカルランド刊）にご紹介している「地球と宇宙エネルギーを正中線（体の中心軸）に通していくポーズ」とあわせて試してみてください。

光次元ヨガでは、いつも次のようなことを大切にして、レッスンを行っています。

「吐く息とともに、不要な体の力や思考を手放すこと」、「体の声を聞いて、今、この瞬間に

（自分にとって力の具合などが）丁度いいところ、あるいは、体の喜びを感じられるところでポーズすること」などです。

そのようなことにも意識を向けて行ってみてください。

✦〈他にもいろいろ・香りや潜在意識を使う〉

松果体覚醒や次元上昇など、波動を高めていくための方法としては、他にもさまざまな方法を用いたワークがありますが、その中でも、香りと潜在意識についてもお伝えしておきたいと思います。

香りにも波動があります。合成の香りと天然の香りでも波動に大きな違いが出ます。また波動の似た者同士が引き合うという真理は、香りも同じです。つまり波動が高い香りを身に纏うことで、ご自身の波動を上げることも可能だということです。逆に、波動が粗いところでは、そういった波動の香りがします。（その場合、もはや香りというより臭いといった方がいいかもしれません。（笑））ですからあなたが豊かさに包まれたいと思ったら、豊かな波動を持つ香りを身に纏うことがお勧めです。

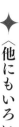

また、人間の嗅覚は五感の中で唯一、脳にダイレクトに情報を伝えることができることで知られています。松果体の覚醒を促してくれる天然のアロマ（その中でも波動の高いもの）を使うことによっても、その情報がダイレクトに脳に伝わります。

私も、そのようなアロマの情報を、光次元からダウンロードして色々と作りましたので、それも参考にされてください（巻末参照）。

また、潜在意識を使う方法もあります。これは顕在意識を手放すことが大前提の方法になりますが、それさえ上手くいけば、簡単に、あなたの魂が本当に望んでいることを知ることも可能です。

あなたの魂の望みを知る実践ワーク

①心を落ち着かせ、リラックスして座り、ゆっくりと深呼吸していきましょう。誰にも邪魔されない一人になれる空間が良いでしょう。

②呼吸をするたびに、宇宙エネルギーから光が届いているのをイメージしていきましょう。吸う息とともに、それは頭頂から入っていきます。その中には、あなたの魂が本当に望むものが入っています。しかし、それを具体的に想像する必要はありません。ただ、光の中に、あ

なたの魂が望んでいるものが入っているのだということだけを思っていきましょう。
③胸の前で両掌をお椀型にします。息を吐くときに、頭頂から入った望みがハートから出て、お椀型にした掌に乗っていきます。（頭頂から入って頭をとおって胸まで到達し、あなたの胸からポンと出て掌に乗る、というイメージです。）頭頂から入ってくるときも、ハートから出るときも、頭で考えるのではなく、自然と浮かび上がってくるものを感じていきましょう。それはものではない可能性もあります。感情である可能性もあります。

あなたの魂が望んでいるものは、どのようなものでしょうか。命を育むようなことでしょうか？　笑顔をつくり出すようなことでしょうか？　もっと具体的なものが現れたかもしれませんね。中には、あなたにとって忘れたいようなネガティブなモノや感情が届くことがあるかもしれません。それはなぜ今、あなたに届いたのでしょうか。向き合う必要があることだからでしょうか。そうであるならば、魂がそれはあなたにとって必要だと、あなたの魂の成長にとって必要だと告げているのです。あなたの本当の声を聞きたいときに、どうぞ行ってみてください。

次のページからは、白金龍神《プラチナドラゴン》が私の元に届けてくれた短い物語をご紹介します。あなたの潜在意識を働かせて、多次元の感覚を、どうぞ活性されてください。

白金龍神《プラチナドラゴン》が導く
曼荼羅の真実
～多次元と神聖幾何学～

プロローグ

私たちはガーディアンクリーチャー（守護生物）という存在に守護されています。

どの時代、どの世界に生まれても、彼らは縁を繋いでそばにいてくれます。

ガーディアンクリーチャーの代表例は龍。他にも鷲のような鳥系の存在や天馬（ペガサス）などの馬系の存在、ライオンのような姿の存在など様々です。それも一人（一頭？）ではなく複数存在していたり、一つの存在が姿を変えて現れたりすることもあります。


かつて、ガーディアンクリーチャーが存在していることが一般常識として知られていた時代がありました。彼らは、人間たちを大切な友人として、あるいは親身になってくれる先生や本当の親のような思いを持って導き、智慧を育んでくれました。


時代は巡り、ガーディアンクリーチャーは伝説の存在となっていきました。

伝説になってからも、彼らは人間たちをサポートしてきました。

伝説が真実であることがひっそりと語り継がれました。真実であると観じられる時代が再び到来することを、彼らは知っていました。

そして今、彼らは再び、その存在を真実として受け入れられ、時には宇宙次元（光次元）の存在たちと協力して、私たちを導いてくれています。

1、白金龍神（プラチナドラゴン）

白金龍神《プラチナドラゴン》と向き合っていた。

瞳がまっすぐ僕を見ている。

少しごつごつした龍らしい顔立ちとは対照的に、優しいまなざしだ。

瞬《また》きの後、白金龍神《プラチナドラゴン》が天空を見上げた。

僕もつられて見上げた。

白金龍神《プラチナドラゴン》は、そのまま真上に泳ぎだした。

僕は暫《しばら》く見届けていたが、

首が少し疲れたような気がして、顔を正面に戻した。

目の前に龍のお腹があって、僕の位置から見るとそれは平面のように見えた。
そこには、図形が美しく均一に描かれていて、まるで壁画のようだった。
壁面に曼荼羅《マンダラ》が描かれているようだった。
その曼荼羅のような図形は、白金龍神《プラチナドラゴン》の龍の鱗だった。

するとその壁面が前後にうねりだした。
まるで、複雑な模様が美しく編み込まれたタペストリーが、魔法の絨毯《じゅうたん》になって空を飛んでいくようだと思った。

龍の白金に輝く幅広のお腹は、僕の目の前を
ゆったりと大きくうねりながら上がっていく。
形も色もうねり方も、すべてが美しく、見とれていた。

2、感情をうまく手放した存在

気がつくと、シリウス星系からやってきた存在が立っていた。感情をうまく手放して進化をしていったグループの存在だ。これまでも、時々、僕のところに現れて僕が知らないことを教えてくれている。通称、碧《あお》の皇子。

「私の仲間は皆、心を痛めている。
感情を手放すとは、決して心を痛めないことではない」

最近、地球で起きた心が痛むような出来事に対して、伝えてきているようだ。

「自分の中の〝あるレベル〟では心を痛め
〝あるレベル〟ではそれを手放す。

例えて言うなら二層の感情があり、

それをうまく分けることによって
感情のコントロールを行っているのだ。
だから、決して、人の痛みがわからないわけではない。

まず一つ言えるのは、
あなた達が見ているのとは別の視点があるということ。

同じ事でも見方が一つ多い。
だから、あらゆることに対して理解しやすい。
その点においては、あなたたちよりも有利な状態にある。

あなた達に理解しにくいことも、私たちには理解できる。
なぜなら私たちは、体験として知っているからだ。
あなた達よりも上の視点の状態を実際に体験している。
あなた達はしていない。
体験していないことは、理解しづらい。

そしてまた、
あなたたちの心の痛みも、かつて体験している。
だから理解できる。

理解しつつも、もう1つ上の視点で物事をみるために
その痛みを手放した所の視点を持っている。
痛みに寄り添う視点も持っている。

しかし、そこに寄り添いすぎると振動数は下がる。
振動数を下げることは、誰も望んでいない。
だから敢えてそれをしない。
わかるだろうか、私たちの進化の過程」

3、光次元で出会った曼荼羅と一つ目の真実

目の前に、先ほどの龍のタペストリーが見えた。

涅槃（ねはん）

そんな言葉が入ってきた。
サンスクリット語で、ニルヴァーナと言われる世界だ。

その言葉の響きが合図になったかのように
気がつくと輪廻を飛び出し、すべての煩悩を飛び越え、
より高い次元の世界に入っていた。

そこには、幾つもの、曼荼羅図形が存在していた。
ここでも魔法の絨毯のようにうねり、泳いでいた。

僕は、それを眺めていた。
曼荼羅の世界に入って、曼荼羅を眺めていた。
とても不思議な感覚だったが、
次元が交錯しているのだろうと思った。

そして、一つの真実に気がついた。

曼荼羅は、一方向から見ると平面のようだが、
実は奥行きがある。

つまり、地球上に描かれている曼荼羅は平面に描かれているが
本当は奥行きを持っているのだ。
二次元ではなく、三次元。
いいえ、もっと深い奥行きを持っている。

今の人間の感覚では感じきれないほどの高次元だ。
僕の言葉で伝えるなら、
光次元の宇宙を表して描かれたのが曼荼羅だと思った。

ここまでを感じきった時、碧の皇子の存在に気がついた。

4、宇宙の理と二つ目の真実

曼荼羅が表す涅槃の世界を旅している間中、
碧の皇子は見守ってくれていた。

僕の気づきに呼応するように、碧の皇子の声が聴こえてきた。

「あなた達は、悲劇が起こると理解できずに苦しむ。
私達にはあなた達の苦しみが理解できる。

しかし、もう一段高い所から見て、
それが理《り》にかなっていることにも気づいている。
宇宙の理《ことわり》にかなっている。

すべて物事は関連づけられている。
短絡的ではない。

Aが起こったからA'が起こる。
というような、そんな単純なものではない。
A~Zまで、あらゆることが
すべて、A'~Z'と絡み合っている。

だからこそ大事なのが今の感覚なのです。
複雑な一つ一つをほどく必要はない。

今のあなたのその感覚で、
今のあなたが真実だと思うことに向き合うこと。
それがすべてなのです。

すべてが絡み合ったこの宇宙は、
このタペストリーで表されている。

このタペストリーに織り込まれた一本の糸をほどくと、
すべての糸がほどかれる。
一本で最後までほどききれる」

この宇宙は、
それくらい緻密にすべてが絡み合っているということだ。

タペストリーを織る時は、縦糸と横糸で紡がれる。
そのどこか一カ所でもほどければ、図形は描ききれず、その上、「全ての糸がほどけてしまう」と、「宇宙とはそのようなものだ」と、碧の皇子は伝えてきた。

これが龍の腹の曼荼羅が教えてくれた二つ目の真実。

5、層構造と大宇宙の文様

碧の皇子の言葉は続いた。

「曼荼羅は、何層にもなっていて、その全ての層は繋がっている。

あなたという宇宙《コスモ》。

あなたという心と体と魂。そのすべてをあわせた宇宙。

それが〝あなたという宇宙《コスモ》〟。

その宇宙《コスモ》は曼荼羅で表される。
別の人の宇宙《コスモ》も曼荼羅で表される。
そのまた別の人の宇宙《コスモ》も曼荼羅で…。

では、個別に曼荼羅が存在しているのかというと、
そうではない。

全てが層のように重なっていて、
それはすべて繋がって織られている。
層の向きも様々だ」

三次元の世界で見ると、個別の曼荼羅に見えても、
高い次元（光次元）で見ると、
層になって重なっているという。

つまり、僕たちが理解できる感覚で例えれば、

個別の曼荼羅の図形が層構造になって重なると、また新たな紋様の図形が生み出されるということ。

例えば、正三角形の層に逆正三角形が同じ層の向きで重なると六芒星になる。四つの正三角形と一つの正方形の層が、様々な角度で重なれば、ピラミッド型にもなる。

それが、大宇宙を表す曼荼羅の紋様。

6、広がり続ける宇宙と三つ目の真実

その大きな曼荼羅は、

そうやって遥かなる奥行きにより描かれている。多次元に描かれているということだ。

全ての奥行きの紋様は、

僕たち一人一人の個別の紋様のようだが、

実は、大宇宙の紋様を織っているのだ。

「この宇宙の壮大な曼荼羅は、
すべての宇宙《コスモ》（糸）の繋がりによるもの。
あなたの宇宙《コスモ》が複雑であるなら、
他の宇宙《コスモ》も、全ての曼荼羅も複雑。

あなただけが複雑ということもなく
あなただけが単純ということもない。

もちろん個性はある。
しかし、ある人だけが複雑で
ある人だけが単純ということはない。

ひとつひとつ織られた織り目に、

あなたの遺伝子も組み込まれ
そして全ての織り目は、宇宙の全てを表し、
あなたの全てをも表している。

つまり
大きな曼荼羅の部分的な所にあなたがいるかと思えば、
この曼荼羅全てがあなたを表している。
あなたの曼荼羅図形が第一層に見えるのが個性。
その奥のレイヤー（層）構造からは、
大宇宙の図形が透けて見える。
だから、大宇宙の曼荼羅もまた、あなた自身。これが多次元構造というもの。

曼荼羅が美しく描かれれば描かれるほど、
あなたの宇宙《コスモ》も美しい。
曼荼羅が複雑に美しく描かれれば描かれるほど、
あなたの宇宙《コスモ》も複雑で美しい。

曼荼羅が単純に描かれれば描かれるほど、
あなたのコスモも単純で美しい。

曼荼羅は常に有機的に動いている。
生きている」

そういえば、タペストリーが揺れるたび、
曼荼羅の紋様も変化していたことに気がついた。

「曼荼羅とともにあなたの宇宙《コスモ》も動き、生きている。
これが、世界の動きがあなたであり、
あなたの動きが世界である所以《ゆえん》。

世界の曼荼羅は、今も織られている。

宇宙の曼荼羅も、今、織られている」

曼荼羅のもう一つの真実。

あなたが世界と宇宙を織っている。

この曼荼羅が、神聖幾何学なのだ。

終わりに

２０１９年11月21日早朝、「史上最大の宇宙爆発エネルギー」が、東京大宇宙線研究所などの国際研究チームによって捉えられたことが報じられていました。太陽の約１００倍の質量を持つ巨大な星が一生を終えて爆発したことによる現象を捉えたということですが、そのエネルギーの大きさはというと、「太陽が１００億年かけて出す膨大なエネルギーを、わずか20秒ほどで放出した」という、想像を絶するような大きさであるそうです。

この本の最初に、『地球のアセンションプログラム史上最高の宇宙エネルギーが、今、地球に降り注いでいる。』ということを書かせていただきましたが、それが実際に観測されたことになります（宇宙エネルギー量が日々更新し続けていることは、２０１７、18年頃からお話はさせていただいていました。この原稿を執筆させていただいたのも、２０１８年から２０１９年夏頃のことです）。

この宇宙爆発エネルギーをチャネリングすると、次のようなことがわかりました。

・このエネルギーは、人間の体を全部スキャンしてしまい、どこまでも奥深く浸透する。
・非常に波動が高く、とても心地よく、浄化も次元シフトも力強く後押しする。

このような光は、地球上の私たちに等しく降り注ぐのですが、少し意識を向けるだけで、それによって得られる影響が大きく変わります。

チャネリングしていた間中、意識をそこに向けてエネルギーを受け取っていたわけですが、そうすると非常に微細で波動の高いエネルギーに包まれて、究極のヒーリングを受けているような状態になりました。

史上最高の宇宙エネルギーは、この後もしばらく続きます。外の世界のさまざまな現象に惑わされることなく、自分軸（光の柱）を立て、そして育て、あなたの内側の世界を大きく花開かせていきましょう！　それがあなたの現実の現象を変容させていきます。
たくさんの光の存在たちとともに、あなたに史上最高のエールを贈らせていただきます。

この本の出版にあたり、ご協力、ご尽力してくださった多くの方々に、そしてこの本を手にとってここまでお読みくださったあなたに、心から感謝を申し上げます。ありがとうございます。

愛と光と感謝をこめて☆

龍依 -Roy

龍依～Roy（ロイ）

光次元チャネラー・スピリチュアルカウンセラー。

心・体・魂を整える「ヒプノスタジオ☆クリスタルハート」代表。

有限会社 STUDIO FUMI 代表取締役。日本女子大学卒業。

オーストラリア留学中の体験をきっかけにカウンセリングを学ぶ。

多次元を行き来し、サナトクマラ・サナンダクマラ・猿田彦神・龍神・鳳凰・ホルス神など光次元（高次元）の存在や、リラ・シリウス・アルクトゥルスなどの宇宙からのアクセスを受け、地球や人々への大切な情報を伝え次元上昇へ導く使命を持つ。光次のエネルギーを混じり気なく言葉に変換するため光次元チャネラーと呼ばれ、雑誌の特集取材も多数。

個人セッションでは、光次元の存在からのメッセージや過去世の書き換えも行い、人生好転のサポートを行っている。またヒーリングは、光次元のエネルギーを転写して受け手に送るためエネルギーを純粋なまま扱い、どこまでも微細でクリアといわれる。

松果体覚醒のワークショップやセッションは、ヒーリング力だけでなく、光次元からダウンロードした音楽や香りを駆使し「体感を感じられる」と告知後即完売となるほど好評を博す。光の柱を個人に立てるワークショップでは、魂の覚醒と向上のための瞑想や中庸のための波動調整も行う。光次元からの瞑想ヨガも性格まで変わる！ と評判をよぶ。

著書『《龍の御使い》ドラゴンライダー　龍神からの「光次元」メッセージ』『超直感力の目覚め　流　光次元リーディング』／共著『ありがとう、アミ。』（ともにヒカルランド）。雑誌アネモネ（ビオ・マガジン）にて『光次元の仲間たちが語る銀河の今昔物語　龍依さんのステラ☆ノート』連載中。

主な資格：米国催眠療法士協会認定ヒプノセラピスト／上智大学カウンセリング研究所カウンセリング研修基礎修了／米国ヨガアライアンス RYT200認定ヨガインストラクター他
ブログ「Roy～宇宙在住」 http://ameblo.jp/roy-10yo（または Roy 宇宙在住で検索）

ウェブサイト「ヒプノスタジオ☆クリスタルハート」http://www.hypnostudio.net/

菊理媛《ククリヒメ》と共に　宇宙無限大に開くドラゴンゲート
あなたの龍の目（松果体）が大覚醒します！

第一刷　２０２０年２月29日

著者　龍依～Roy

発行人　石井健資
発行所　株式会社ヒカルランド
〒１６２-０８２１　東京都新宿区津久戸町３-11　ＴＨ１ビル６Ｆ
電話　０３-６２６５-０８５２　ファックス　０３-６２６５-０８５３
http://www.hikaruland.co.jp　info@hikaruland.co.jp
振替　００１８０-８-４９６５８７

本文・カバー・製本　中央精版印刷株式会社
ＤＴＰ　株式会社キャップス
編集担当　溝口立太

ISBN978-4-86471-854-7

◎こんな方へ

□ 魂のステージを上げ次元上昇（アセンション）したい
□ 潜在能力を開花させ高めたい
□ 宇宙との繋がりを太くし運を開きたい
□ 自然治癒力を高め身体の不調を整えたい
□ 高いレベルでの思考、決断、行動力を可能にしたい
□ 集中力を高め、物忘れなく脳をしっかり目覚めさせたい
□ ヒーリング、スピリチュアル能力を活性化したい
□ 松果体の石灰化や脳ストレスが気になる

◎これまでのご感想

・参加の度に直感が増しているのを感じる。
・おでこ辺りがムズムズし、松果体辺りは熱くなった！
・疲れていた松果体が癒されていくのを感じた。
・松果体用の香りで初めて第三の目に光が見えた！
・音楽が松果体に響いて眉間が開く感覚があった。
・自分では気づかなかった松果体の様子を教えてもらい、それを意識したら涙がドンドン出てその後軽くなった！
・世界が美しく見えるようになった！

大・大好評につき　令和２年　2020年も開催決定！　全３回

日時：第１回　2020年６月20日（土）　13時～16時
　　　第２回　2020年９月９日（水）　13時～16時
　　　第３回　2020年11月７日（土）　13時～16時
各回定員：25名　各参加費：22,000円（税込）
会場＆申し込み：ヒカルランドパーク
＊各回、内容はアレンジされます。複数回受けて頂くことで、より効果は増幅されます。

ヒカルランドパーク
JR 飯田橋駅東口または地下鉄 B1出口（徒歩10分弱）
住所：東京都新宿区津久戸町3－11 飯田橋 TH1ビル 7F
電話：03－5225－2671（平日10時－17時）
メール：info@hikarulandpark.jp　URL：http://hikarulandpark.jp/
Twitter アカウント：@hikarulandpark
ホームページからも予約＆購入できます。

松果体を開き、覚醒に導く
シリウス光次元情報による
新・松果体覚醒ワーク

講師：光次元チャネラー／龍依～Roy

◆2018年、2019年に開催した全３回の松果体覚醒ワークは、おかげさまで毎回満席とキャンセル待ちで大変好評でした。ワーク継続を希望される声もたくさん頂きましたので、2020年も開催が決定しました！

菊理《ククリ》神聖幾何学と共に、新たに降ろされた松果体活性プログラムや
最新の高次元宇宙存在達からの情報やメッセージが、
あなたの**松果体覚醒と魂の解放**へと導いてまいります。

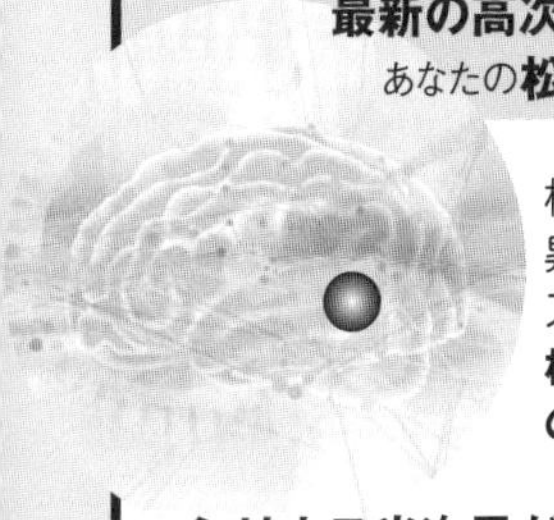

松果体を活性化してDNAを起こすことが人類の次元上昇（アセンション）の鍵！　松果体覚醒ワークはシリウスからの情報をもとに作成され、その繰返しの体感で**松果体の活性化→松果体覚醒 DNA変容→次元上昇（魂の覚醒）**をしていくための光次元プログラムです。

シリウス光次元が伝える松果体への多次元アプローチ

1、松果体活性ヒーリングエネルギー×パワーストーン

・龍依～Royさんにより個別に松果体を活性！
・個別チャネリングによる松果体の調整も！
・シリウス・サナトクマラが伝える石も使用！

2、音×映像

・特別な場の特別な超音波で松果体活性を促す！
・松果体が開き易く、活性状態が持続し易い！
・ストレスも光次元レベルで手放し、映像を効果的に使用！

3、メディテーション×神聖幾何学

・体と呼吸で松果体活性のシリウス瞑想術と神聖幾何学。

4、アロマ×空間波動調整

・シリウスよりチャネリングした松果体活性アロマブレンドが、嗅覚から脳へ働き松果体の活性と調整を行う。また、ストレス源を開放し、空間波動調整として働く。

横軸の光：つながりや解放、穏やかさ、天地統合も意味する。人間関係や利他的な精神をサポート(C)。
斜めの光：翼や広がり、宇宙の動きも表す。新旧地球で起こる逆転現象にあなたの光が調和するよう調整(D)。
菊理神聖幾何学には、松果体やハート、丹田を開くのに必要な要素がぎゅっと詰まっています！

菊理媛と龍依〜Roy、二人のドラゴンライダーが、
宇宙オーダーメイドで、あなたをサポート！

四柱推命とチャネリングにより、あなたに必要な石を龍依〜Roy先生が選んでお作りします。
出来上がったチャームは、龍依〜Roy先生が浄化し、宇宙エネルギーを入れてからお届けします！　全く新しいスタイルの宇宙オーダーメイドです。
※オーダーメイドのためお時間をいただくことがあります。

通常は、胸の位置にペンダントにして身につけるのがオススメ！
瞑想時に額につけても大きなサポートが！

裏面にはCH ROYと刻印があります。Cはクリスタル、Hはハートで「ハートをクリスタルのように磨く」という意味ですが、Cはククリ、Hはヒメで、菊理媛も表します！
まさしく菊理媛と龍依〜Roy先生の共同宇宙創造品。皆様の3つのハートを開いて松果体を覚醒させ、愛と光と調和の彌勒の世・新生地球とのつながりを強くしていきましょう！

チャーム
裏面

※天然石を使用しておりますため、内包物が含まれる場合がございますが、これらは鉱物が成長する際に出来た天然の証でもありますので、自然の風合いとしてお楽しみください。また、一般に価格が高い石がパワーが高いとは限りません。

お問い合わせ・お申し込みはヒカルランドパークまで——。

ヒカルランドパーク取扱い商品に関するお問い合わせ等は
メール：info@hikarulandpark.jp　　URL：http://www.hikaruland.co.jp/
03-5225-2671（平日10-17時）

＊ご案内の価格、その他情報は発行日時点のものとなります。

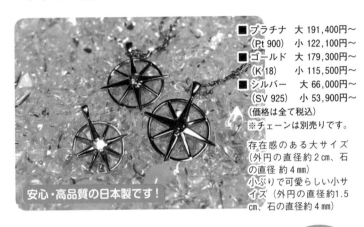

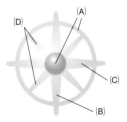

「龍神ブレンド」は、昔から瞑想に使われキリストにも捧げられた神聖な精油も使用した魅惑的な香りが特徴。強い浄化力があり、太古の地球が持っていた大地の力強さ、強い息吹を感じる香りとなっています。空間浄化・消臭・瞑想前に。また、不要な思考を断ち切りたい、グラウンディング力を高めたい時にもどうぞ。「鳳凰ブレンド」は、お釈迦様が菩提樹の花の香りで悟りを開いたと言われる精油も使用し、明るさと豊かさに満ちた爽やかな香りが特徴。精神に安定をもたらし、恐れから遠ざけていきます。しなやかな強さがほしい時、周りの人に柔らかく接したい時にもオススメです。

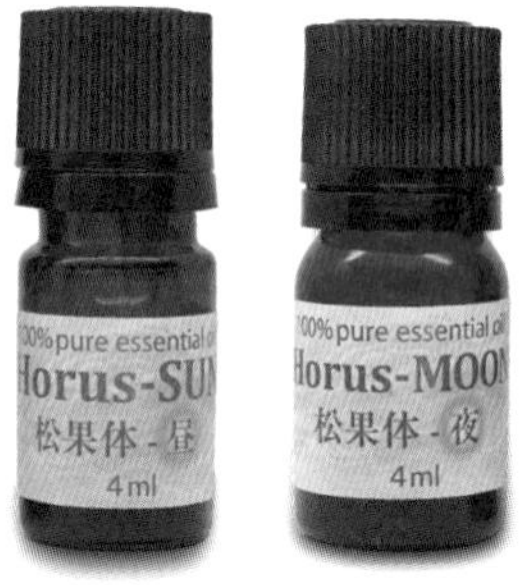

Horus-SUN松果体ー昼 &
Horus-MOON松果体ー夜

■2本セット　9,981円（税込）

●内容量：各4㎖　●成分：［昼］精油（オレンジ、ペパーミント、カルダモン、ほか）［夜］精油（ラベンダー、ジュニパー、クラリセージ、ほか）　●使用方法：「昼」は朝の目覚めや日中に、リフレッシュや1日の活力アップとして。「夜」は就寝前や夕刻に、リラックスのほか、ハイヤーセルフとの繋がりや統合、肉体次元の解放の助けとして。試香紙（ムエット）などの紙に数滴たらして香りを楽しむのもオススメです。

※単体での販売はお受けできません。※肌につける、口に入れるなど芳香以外の目的で使用しないでください。　※室内にケージやカゴ内で飼育している小動物がいる場合、ディフューザーを使って強く芳香させることはお控えください。　※香りは原料となる植物の産地や採取時期によって違いが生じる場合があります。

天地神 TenChiJin
アロマルームスプレー

■ 龍神ブレンド　6,315円（税込）

■ 鳳凰ブレンド　6,315円（税込）

●内容量：各60㎖　●成分：［龍神ブレンド］水（精製水）、植物発酵エタノール、精油（乳香、セージ、セイヨウネズ、ほか）［鳳凰ブレンド］水（精製水）、植物発酵エタノール、精油（西洋菩提樹、ヒノキ、ビターオレンジ、ほか）

※肌につける、口に入れるなど芳香以外の目的で使用しないでください。　※香りは原料となる植物の産地や採取時期によって違いが生じる場合があります。

【お問い合わせ先】ヒカルランドパーク

＊ご案内の価格、その他情報は発行日時点のものとなります。

本といっしょに楽しむ ハピハピ♥ Goods&Life ヒカルランド

香りは命! 龍依〜Royさん&Naruraさんによる
究極の光次元100%アロマオイルが登場!

Roy さん（左）と Narura さん（右）

光次元チャネラー龍依〜Roy さん自ら、光次元からダウンロードすることで選ばれた香り豊かなエッセンシャルオイル。それを天然アロマデザイナーとして活躍中の Narura さんが丁寧に調香し、長い試行錯誤の上完成したのが、松果体を覚醒へと導くアロマオイル「Horus-SUN／MOON」とスプレータイプの「天地神」です。天然の香りにこだわり、一般的なアロマでは混ぜることのない高価な精油も贅沢にブレンドした、ここだけのオリジナル品です。光次元から選ばれた香りが放つ波動は、嗅覚から脳へとあなたを優しく包みこんでいくことでしょう。

◎ DNA を修復し活性化！　松果体を覚醒させる 2 つの香り

松果体を司る古代エジプトのホルス神が携える太陽（ホルス神の右目）と月（ホルス神の左目）のエネルギー。松果体の覚醒にはどちらのエネルギーも重要となります。そこで、龍依〜Roy さんは松果体覚醒へと導くエッセンシャルオイル（精油）を光次元からダウンロード。太陽→「昼」、月→「夜」として 2 つのアロマを用意しました。

「昼」は脳内に光次元の明かりのスイッチを入れ、その波動が松果体を起こし、眠っていた DNA に活力を与えていきます。「夜」は松果体覚醒に必要な深い癒しと鎮静をもたらし、そのリラックス効果の中で不要なものを手放し、DNA の修復と松果体の再生を促していきます。時間によって「昼」「夜」の香りを使い分け、両方の香りに満たされていくことで、体のスイッチ・オンがしっかりとでき、松果体はさらに覚醒していきます。

◎ 龍神や鳳凰と繋がる⁉
空間用アロマルームスプレー

龍神、鳳凰と繋がることができる香りを、光次元からダウンロードして調香。自分自身や空間をグレードアップできるアロマスプレーが完成しました。実際に調香師の Narura さんのお母さんは、「龍神ブレンド」の香りを嗅いだ後にリアルな龍神が夢に出てきたそうです。

毎月満員御礼！　オンリーワンの超人気セッション！
「松果体∞解放・覚醒セッション」

【セラピスト】

龍依〜Roy
光次元チャネラー・ヒーラー

Narura〜ナルラ／ヘッド.アロマ.
メディカルハーブセラピスト・調香師

特別なオイルを使用したドライヘッドスパと、シリウス高次元に起源を持つ極上ヒーリングのダブルセッション！　チャクラの調整、正中線のパイプラインの浄化など、松果体の解放と覚醒のために必要なすべてを受け取れるオリジナルメソッドです。

【日程】2020年3月18日（水）、4月15日（水）、5月13日（水）、6月以降開催日未定
【時間】11：00〜13：10　12：20〜14：30　13：40〜15：50　15：00〜17：10
【料金】63,500円（税込・事前振込）

※再開希望の声多数！
「魂の上昇と覚醒のためのセッション！」
龍依〜Roy（ロイ）先生とみらくるの波動機器とのコラボセッション！
心臓の裏側にある『全知全能・コスモ細胞』から魂（光）の情報を読み解き、あなたの未来をより良いものにし、上昇させていくチャネリングプログラム。2020年内開催に向けて準備中！

【会場・お申し込み・お問い合わせ】
神楽坂ヒカルランド　みらくる　Shopping & Healing
〒162-0805　東京都新宿区矢来町111番地　サンドール神楽坂 1,2,3F
営業時間　11：00〜18：00
TEL：03-5579-8948　メール：info@hikarulandmarket.com
＊神楽坂ヒカルランドみらくるまでのアクセス
　地下鉄 東西線 神楽坂駅 2番 矢来町方面出口 徒歩2分

ヒカルランド　好評既刊！

地上の星☆ヒカルランド　銀河より届く愛と叡智の宅配便

菊理姫（ククリヒメ）神降臨なり
著者：松久 正
四六ハード　本体 1,800円+税

松果体超進化
シリウスがもう止まらない
今ここだけの無限大意識へ
著者：松久 正／龍依
四六ソフト　本体 1,815円+税

シリウス最強の《縄文女神》
磐長姫［イワナガヒメ］超覚醒！
著者：まありん
四六ソフト　本体 1,851円+税

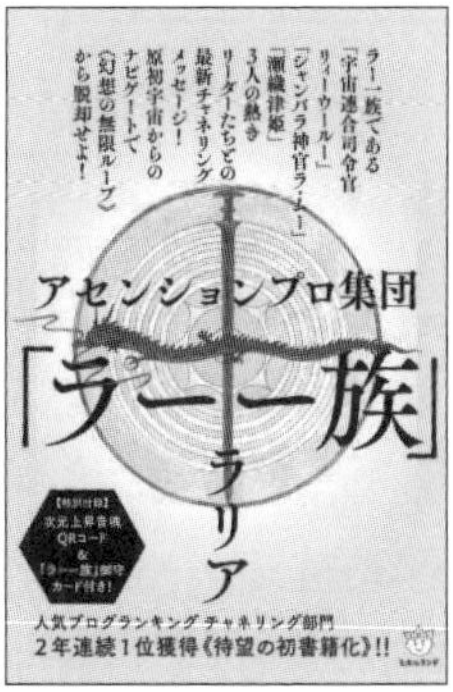

アセンションプロ集団
ラー一族
著者：ラリア
四六ソフト　本体 1,800円+税

『アミ　小さな宇宙人』ファンブック
ありがとう、アミ。
みんなで手を取り次の世界へ
著者：奥平亜美衣／曽根史代（Roy）／アミのファンのみなさま
四六ソフト　本体 1,500円+税

お金の豊かさにもっと繋がる
愛とエネルギーの法則
著者：曽根純恵
解説＆対談：渋澤 健
四六ソフト　本体 1,620円+税